See
The
Unseen

안목

See
The
Unseen

안목

강일수 지음

21세기북스

최후의 승자는 보는 눈이 남다르다

나는 현대자동차부터 BYC, 삼천리, 좋은생각 등 뜨거운 기업경영의 현장에서 20여 년을 달려왔다. 돌이켜보면 자동차업계, 섬유업계, 에너지업계, 출판업계 등 여러 업계를 두루 거친 셈이다.

나는 수많은 비즈니스 현장에 몸담아 오며 자연스럽게 소위 잘나가는 사람은 무엇을 해도 잘되고, 안 되는 사람은 무엇을 해도 잘 안 되는 근본적인 이유가 궁금해졌다. 나는 이 의문에 대한 답을 찾기 위해 오랜 동안 연구하고 고민했다. 그러다 분명한 단초를 하나 발견하게 되었다. 바로 '보는 눈'의 차이였다.

'몸이 천 냥이면 눈이 구백 냥'이라는 말처럼, 우리 몸에서 눈이 차지하는 비중은 매우 크다. 그만큼 삶과 경영에서도 눈으로 보는 것의 비중은 높을 수밖에 없다. 사람은 시각을 중심으로 한 신경체계를 통하여 오감으로 현상을 관찰하고 인지하며 경험을 처리한다. 더불어

4

육감이라 불리는 직관을 통해서 일을 처리한다.

즉, 어떤 사물이나 상황을 본다는 것은 시신경을 가진 육안뿐만 아니라 심안이라 불리는 내면의 눈으로 함께 바라보는 것을 의미한다. 이 내면의 눈에 따라서 보는 것과 보이는 것이 확연히 달라진다.

플라톤의 말처럼 만 개의 '육체의 눈'보다 더 가치 있는 것은 단 한 개의 '영혼의 눈'이다. 진실은 영혼의 눈에만 보이기 때문이다. 사람들은 눈으로 보이는 것에 의존해 판단하지만 그들을 가장 많이 속이는 것도 바로 그 눈이다. 겉만 보고 속을 보지 못하기 때문이다. 또한 보이는 것만 보고 보이지 않는 것을 보지 못하기 때문이다.

성공하는 사람들은 '보는 눈'이 남다르다. 통찰력이 뛰어나다. 탁월한 직관과 혜안이 있다. 실패하는 사람들이 잘 보지 못하는 것들을 그들은 본다. 감추어진 것들을 보는 눈이 있다. 나중에 보는 것이 아니라 시작할 때 본다. 현상뿐만 아니라 본질을 보고, 결과와 더불어 과정을 본다. 문제만 보는 것이 아니라 기회를 보며, 현실만 보는 것이 아니라 그 너머에 있는 미래를 본다.

그런데 이러한 보는 눈의 차이는 근본적으로 어디에서부터 비롯되었으며, 어떻게 개선할 수 있을까? 나는 이에 대해 적지 않은 시간 동안 탐구해오면서 중요한 포인트를 찾아냈다. 그것은 다름 아닌 '관심'과 '관점' 그리고 '관찰'이다. 이 세 가지가 모든 행동과 습관 그리고 성과의 차이를 만드는 뿌리다.

『안목』은 행복하고 성공적인 삶과 경영을 위해서 '보는 눈이 왜 중요한가?' '무엇을 보아야 하는가?' '어떻게 해야 제대로 볼 수 있는 가?'라는 세 가지 질문에 대한 답을 제시한다. 나는 개인과 조직경영의 핵심요소인 비전과 사명, 원칙과 가치관, 목표와 전략 측면에서 위세 가지 '관심'과 '관점' 그리고 '관찰'이 어떤 연관성을 가지고 있으며 서로 어떤 영향을 미치고 있는지에 대한 깊이 있는 탐구와 검증을 위해 경영학은 물론 심리학과 철학, 신학의 경계를 광범위하게 넘나들었다.

지속적인 관심과 창의적 관찰이 혁신을 만든다

삶과 경영의 활동을 사진 찍는 행위에 비유한다면 '관심'은 사진작가가 카메라에 담고 싶은 소재라고 볼 수 있다. 즉 포커스를 어디에 맞추느냐다. 그리고 '관점'은 사진을 찍는 위치다. 같은 소재도 찍는 위치에 따라서 사진의 내용과 품질이 달라진다. '관찰'은 카메라의 성능이다. 렌즈와 줌 기능 같은 카메라의 성능에 따라서 역시 사진의 내용과 품질이 전혀 다르게 나타난다. 이렇듯 삶과 경영에 있어서도 마찬가지다. 따라서 성공하는 사람들의 핵심 역량은 3관(관심, 관점, 관찰) 즉, 안목인 셈이다.

문제는 상황이 아니라, 상황을 바라보는 사람에게 있다. 이루지 못하는 것은 하지 않기 때문이고, 하지 못하는 것은 보지 못하기 때문이다. 기회는 없는 것이 아니라 발견하지 못하는 것이다. 고객과 시장이 요구하는 가치를 보고, 그것을 창출해가는 사람만이 다가오는 미래에도 살아남게 될 것이다.

 카르타고의 명장 한니발은 "우리는 길을 찾거나, 아니면 만들게 될 것이다."라고 했다. 비즈니스는 가능성을 찾아가는 과정이다. 이미 눈에 보이는 것은 다른 사람들의 눈에도 보이기 때문에, 눈에 보이지 않는 새로운 가능성을 찾아가야 한다. 지속적인 '관심'과 '관점'의 전환 그리고 창의적인 '관찰'이 필요하다.

 삶과 경영에 있어서 변화와 성장 그리고 가치 혁신을 한다는 것은 새로운 차원으로 발전하는 것을 의미한다. 씨앗이 싹을 띄우듯, 병아리가 알을 깨고 부화하듯, 애벌레가 번데기를 깨고 나비가 되는 되듯 전혀 새로운 세상을 향해 변모하는 것이다. 누구나 새로운 차원의 '관심'과 '관점' 그리고 '관찰'의 역량을 갖춘다면, 자기분야에서 더 나은 성과를 창출하고, 새로운 가치를 창출하는 가치 창조형 인재로 거듭나게 될 것이다. 지금 이 책을 보고 있는 당신에게도 그런 놀라운 일이 일어나기를 진심으로 바란다.

2010년 9월
강일수

Contents

제2부 무엇을 볼 것인가?

2 자신을 온전히 들여다보라
See The Unseen

3 주변을 살펴보라
See The Unseen

제1부

See
The
Unseen

보는 눈이 왜 중요한가?

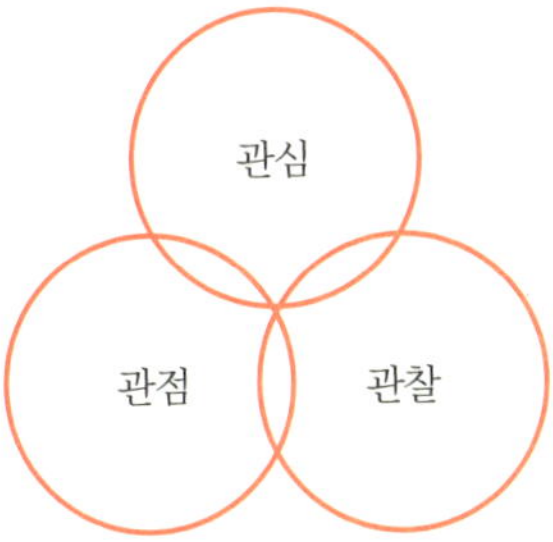

성공 전략은
관찰에서 시작된다

사람은 오로지 가슴으로만 올바로 볼 수 있다. 본질적인 것은 눈에 보이지 않는다. **―앙투안 생텍쥐페리**(프랑스 작가)

세상은 보는 대로 존재한다

모든 사람은 각자의 눈으로 세상을 바라본다. 이 사실을 먼저 인식하고, '보는 눈'을 바꿔야 자기 삶과 경영에서 다른 대안, 다른 가능성, 다른 세상을 찾을 수 있고 창조해낼 수 있다.

한 남자가 투덜댔다.

"며칠 전에 마누라 눈에 모래가 들어가서 치료비로 15만 원이나 날렸지 뭔가."

그러자 듣고 있던 남자가 한숨을 길게 내쉬며 말했다.

"어휴, 겨우 15만 원 가지고 그러는가. 그건 약과네. 며칠 전에 모피코트가 우리 마누라 눈에 들어가 480만 원을 날렸다네."

모래는 육체의 눈에 들어갔지만, 모피코트는 내면의 눈에 들어갔다. 두 사람 모두 눈이라 표현했지만, 중요한 것은 내면의 눈이다. 보이는 세상은 이 내면의 눈이 무엇을, 어떻게 바라보느냐에 따라서 완전히 달라진다. 내면에 있는 '관심'과 '관점', '관찰'의 힘이 세상을 보는 데 영향을 미치고, 그에 따라서 세상은 전혀 달리 보인다. 같은 시대, 같은 장소에 살아도 각각의 사람이 바라보고 느끼는 데 차이가 생기는 근원적인 이유다.

관심 있는 것만 보인다

다음은 TV 광고에서 아버지와 아들이 전화통화를 하면서 나누는 대화다.

"너는 커서 뭐가 되고 싶니?"

"대통령."

"너 대통령 되면 나 뭐 시켜줄래?"

"탕수육!"

아버지는 '한 자리 얻는 것'에, 아들은 '먹을 것'에만 관심이 있다. 서로 관심이 다른 것이다. 관심이 다르니 생각하고 말하는 것이 서로 다를 수밖에 없다.

"개 눈에는 똥만 보인다"는 말처럼, 사람의 눈에는 관심 있는 것만 보인다. 관심이 없는 것은 실제로 존재해도 눈에 잘 들어오지 않는다. 관심 밖에 있기 때문이다. 도로에 있는 표지판이 자동차를 사서 몰아보기 전까지는 잘 보이지 않는 것처럼 말이다.

관심은 내면의 가장 깊숙한 곳에서 행동을 일으키게 하는 동기(動機)다. 이 관심이 관찰 행위에 미치는 영향력은 실로 막강하다. 네덜란드의 베른하르트 홈멜(Bernhard Hommel) 교수가 이끄는 연구팀은 대학생 40명을 대상으로 실험한 결과, 종교가 있는 사람은 종교가 없는 사람들과는 세상을 다르게 본다는 사실을 과학적으로 증명해냈다.

홈멜 박사는 "기독교인들이 외부의 자극에 신경을 덜 쓰는 이유는, 평소 관심의 초점을 자아(自我)에 집중하기 때문"이라고 풀이했다. 기독교인들은 자신의 일에 충실하다 보니 다른 사람의 일에 참견도 덜 하는 편이며, 일상생활에서도 내면의 자아를 들여다보는 시간이 많다는 것이다.

또 버클리 대학교 펑 카이핑(Feng Kaiping) 교수에 따르면, 동양인은 사진을 볼 때 배경에 시선을 집중하는 반면, 서양인은 사진에 등장하는 특정 인물에 관심을 보인다고 한다. 이와 같이 개인이나 집단에 따라서 세상을 다르게 바라보는 이유는 관심이 다르기 때문이다.

관심의 대상과 크기는 제각각이다

같은 곳에 있어도 어떤 사람은 '사람'을 주목하고, 어떤 사람은 '일'에 주목한다. 또 '자신'을 주목하는 사람도 있고, '다른 사람'을 주목하는 사람도 있다. 혹은 '물건'이나 '활동', '정보', '분위기' 등에 주목하는 사람도 있다. 사람마다 관심이 다르기 때문이다.

루소의 행동지배원리에 따르면, 10대는 과자에, 20대는 연인에, 30대는 쾌락에, 40대는 야심에, 50대는 탐욕에, 60대는 명예에, 70대는 허무에 혹하여 움직인다고 한다. 이처럼 사람을 움직이게 하는 근원적인 힘은 관심에서 비롯되며, 그 관심은 나이가 들면서 변한다. 어떤 관심은 일시적으로 생겼다 사라지기도 하고, 어떤 관심은 일평생 변함없이 지속되기도 한다.

관심의 유형에는 돈, 사랑, 건강과 같은 공통적인 관심도 있고,

직업이나 취미 활동과 같은 개인의 특별한 관심도 있다. 누군가가 억지로 강요한 관심도 있고, 자기 내면에서 동기를 부여한 자발적 관심도 있다. 의식적인 관심도 있고, 무의식적인 관심도 있다. 어쨌거나 중요한 것은 관심이 없는 것은 잘 보이지 않는다는 사실이다.

그러므로 관심을 관리하는 것은 곧 '삶과 경영의 뿌리를 관리하는 것'이다. 관심이 삶과 경영의 방향을 결정하기 때문이다. 자기 분야에서 탁월한 성과를 내며 성공적인 삶을 살아가기 위해서는 다음 세 가지에 지속적이고도 의도적인 관심을 기울여야 한다.

첫째는 '자신'이다. 자신의 존재에 관심을 기울여야 한다. '나는 어떤 존재인가?'에 관심을 기울이고, 자신을 먼저 알아가는 것이 중요하다.

둘째는 '주변'이다. 자신과 관계를 맺고 있는 주변 사람들에게 관심을 기울여야 한다. '그들은 어떤 존재인가?' '그들은 어떻게 느끼고 생각하는가?'에 관심을 기울이며 그들을 알아가야 한다.

셋째는 '목표'다. 자기 내면에서 동기를 부여한 목표를 설정해야 한다. 자신과 주변 사람들을 위해 '무엇을, 어떻게 할 것인가?'에 관심을 기울이며 남다른 방법과 전략을 찾아내야 한다.

있는 것을 보는가, 없는 것을 보는가

남아프리카행 비행기 안에서 백인 중년 여성이 소리쳤다.

"이봐요, 스튜어디스! 자리를 바꿔줘요."

"무슨 일 있으세요?"

"이봐요, 보면 모르겠어요? 흑인 옆에는 앉고 싶지 않단 말이에요. 이런 사람, 불쾌해요."

여자 옆에는 흑인 남성이 곤혹스런 얼굴로 앉아 있었다.

"손님, 잠시만 기다려주십시오. 빈자리가 있는지 확인하고 오겠습니다."

스튜어디스는 빠른 걸음으로 사라졌고, 주위 승객들은 수군거렸다. 잠시 후, 스튜어디스가 돌아왔다.

"손님, 오래 기다리셨습니다. 1등석에 빈자리가 한 곳 있으니 그쪽으로 모시겠습니다. 본래는 이런 요청은 들어드릴 수 없습니다만, 옆자리 손님이 확실히 불쾌한 손님인 것 같다며 기장님이 특별히 허락하셨습니다."

백인 여성이 자리에서 일어나려 하자 스튜어디스가 말했다.

"죄송합니다, 손님. 기장님께서 흑인 손님을 모셔 오라 하셨습니다."

백인 여성은 얼굴이 빨개졌고, 주위 승객들은 웃는 얼굴로 흑인 남성을 배웅했다.

당신이 앉아 있는 지금의 자리가 마음에 들지 않을 수 있다. 특히 편해 보이는 빈자리가 있으면 더욱 그렇다. 그러나 반드시 기억해야 할 것은 지금은 '위험한 여행 중'이란 사실이다. 물론 그 위험으로 말미암아 스릴을 느낄 수도 있고, 여행을 하며 기쁨도 느낄 수 있지만 말이다.

편해 보이는 그 자리도 사실은 생각만큼 안전한 자리가 아니다. 영원히 보장되는 자리도 아니다. 언젠가는 비워두고 떠나야 하는 자리다. 그곳이 비행기든 직장이든 혹은 이 세상 어느 곳이든 마찬가지다.

행복과 성공은 무엇을 보느냐에 달렸다

자동차 사고로 하반신이 마비된 과학자 미첼은 이렇게 말했다. "하반신마비가 되기 전 내가 할 수 있었던 일은 1만 가지였다. 그러나 이제 내가 할 수 있는 일은 9천 가지다. 나는 잃어버린 1천 가지를 후회하며 살 수도 있고 아니면 아직도 가능한 9천 가지를 하면서 살 수도 있다."

사람의 행복지수는 '무엇을 보느냐'에 달렸다. 없는 것을 보면 불행하지만, 있는 것을 보면 행복하다. 나쁜 면을 보면 불행하지만, 좋은 면을 보면 행복하다. 감옥과 수도원은 그곳에서 불평을 하느냐, 감사를 하느냐의 차이만 있을 뿐이다. 사람은 있는 것을 바라보고, 좋은 면을 바라볼 때 감사하는 마음이 생기고 행복해진다.

사막의 낙타는 오아시스를 만나도 서두르지 않고 차분하게 물을 마신다고 한다. 자신의 몸 어딘가에 물이 있다는 생각에 여유를 잃지 않는 것이다. 인생이라는 여행에서도 자신에게 있는 것을 바라보고 여유를 찾으면, 세상은 너무나 놀랍고 경이로운 곳임을 새롭게 발견하게 된다.

그러므로 지금 자신에게 있는 것을 바라보아야 한다. 그래야 감사하는 마음으로 행복하게 성공의 자리로 나아갈 수 있다(물론 성공의 정의는 자신이 정한다). 지금 자신에게 있는 것 가운데서도 다음 세 가지 자원에 특히 관심을 기울여야 한다.

첫째 시간적 자원이다. 가진 게 없다고 불평하지 마라. 시간이야말로 가장 귀중한 자원이다. 시간을 투자해 자신의 강점과 탁월성을 발견하고 계발하라. 그러면 자기 인생을 성공적으로 개척할 수 있다.

둘째 인적 자원이다. 자신을 도와줄 수 있는 가족과 친구, 동료, 지인들이 모두 소중한 자원이다. 그들이 기꺼이 도와줄 수 있는 것이 무엇인지 알면, 그들에게 도움을 요청할 수 있다. 다만 그들이 들어줄 수 있는 것을 요청해야 한다는 사실을 명심해야 한다.

셋째 물적 자원이다. 이 세상에 무가치한 것은 없다. 다만 사람이 무가치하게 여길 뿐이다. 아무리 작고 사소한 것이라도 잘 활용하면 더 나은 부가가치를 만들어낼 수 있다. 중요한 것은 부가가치를 만들어내는 아이디어와 전략이다. 없는 자원과 환경만 탓하지 말고, 지금 자신에게 있는 것으로 부가가치를 높일 전략을 찾아라.

눈앞의 이익에만 매달리면 마침내 해를 입는다

살아 있는 모든 존재는 먹고사는 문제에 가장 큰 관심을 쏟기 마련이다. 그렇다 해도 눈앞의 이익에 지나치게 얽매이지 않도록 주의해야 한다. 눈앞의 이익에만 매달리면 예상치 못한 피해를 입을 수 있기 때문이다. 탐욕에 눈이 멀면 다가오는 위험을 볼 수 없다. 그래서 늘 자기 마음속 '탐욕'을 주의 깊게 살펴야 하는 것이다.

어느 날 장자는 밤나무 숲에서 사냥을 하다 이상한 까치 한 마리가 날아오는 것을 보았다. 까치는 날개가 길고 눈도 상당히 컸는데, 장자의 이마를 스치고 날아가 밤나무 숲에 가서 앉았다.

"이건 무슨 새일까? 저렇게 긴 날개를 가지고도 잘 날지 못하고, 저렇게 큰 눈을 가지고도 잘 보지 못하니 말이다."

장자는 이렇게 중얼거리다 소매를 걷어붙이고 재빨리 다가가서 화살을 겨누었다. 그러다 문득 까치를 바라보니 까치는 사마귀 한 마리를 노리고 있었다. 그 사마귀는 까치가 자기를 노리고 있는 줄도 모른 채 매미를 노리고 있었고, 그 매미 또한 나무의 즙을 빠는 데 정신이 팔려 사마귀가 노리고 있는 것을 알지 못했다. 장자는 깜짝 놀라면서 말했다.

"먹이를 노리는 놈은 자기가 다른 놈의 먹이가 되는 것을 모르고, 이익을 좇는 자는 마침내 해를 입는 것을 모르는구나."

장자는 곧 활과 화살을 버리고 도망치듯 밤나무 숲을 빠져나왔다. 그때 밤나무 숲을 지키는 사람이 도둑인 줄 알고 장자를 뒤쫓아 오면서 욕을 해댔다. 장자는 집에 돌아와서 석 달 동안을 방 안에 틀어박혀 있었다. 제자가 이상하게 여겨 장자에게 묻자, 장자가 대답했다. "나는 외계 사물에 마음을 빼앗겨 자신의 우매함을 모르고 있었으며, 흐린 물에 마음을 빼앗겨 맑은 물에 몸을 비춰 보는 것을 잊고 있었다. 그 결과 도둑으로 몰려 쫓기기까지 했으니 어찌 부끄럽지 않겠느냐?"

'위험한 여행(?)' 중에는 자신뿐만 아니라 주변을 주의 깊게 살펴야 한다. 밤나무 숲은 매미와 사마귀, 까치를 비롯해 사냥꾼과 밤나무 주인 모두가 더불어 살아가는 삶의 터전이다. 밤나무 숲은 밤을 생산하고 다른 부가가치들을 만들어내는 가치 사슬이며 창조적 공간이다.

이 밤나무 숲이 커지면, 개체의 먹이가 많아질 뿐 아니라 개체의 생존 확률도 더 높아진다. '위험한 여행'을 '행복한 여행'으로 만드는 상생의 전략은 밤나무 숲에 있다. 개인이나 조직원들이 자기 눈앞의 이익보다는 밤나무 숲이라는 가치 사슬 전체를 바라보아야 하는 가장 중요한 이유다.

당신의 밤나무 숲은 무엇인가? 가치를 창조하는 공간인 자신의 밤나무 숲을 새롭게 조성하고 키워가야 한다. 그것이 바로 가치 혁신이고, 블루오션 개발이며, 신 성장 동력 창출이다.

그러기 위해서는 먼저 다음과 같은 승리 비결에 근거한 '보는 눈'을 갖춰야 한다. 첫째는 정보력과 상황 판단력이다. 『손자병법』에서 이르기를 "전쟁을 해야 하는지 전쟁을 해서는 안 되는지 알면 승리한다"라고 했다. 상대와 나를 정확히 파악하는 정보력과 그것을 바탕으로 상황을 판단하는 능력이야말로 승리를 위해 반드시 갖춰야 할 핵심 역량이다.

둘째는 안목과 리더십이다. "식견을 갖고 대소규모의 부대를 운용하면 승리한다"라고 했다. 리더는 다른 사람들이 보지 못하는 것을 볼 수 있어야 하고, 조직의 성과에 책임을 질 수 있어야 한다. 안목과 리더십은 리더가 갖춰야 할 필수 자격조건이다.

셋째는 가치와 비전을 공유하게 하는 능력이다. "장수와 수하 병사들이 동일한 욕망을 가지면 승리한다"라고 했다. 리더는 조직이 추구하는 가치와 원칙, 비전을 명확히 제시해야 한다. 그리고 그 방향으로 모든 힘을 결집시켜야 한다.

관심의 변화로 이룩한 꿈의 동물원

폐원 위기까지 몰렸다가 일본 최고의 동물원으로 거듭난 아사히야마 동물원의 성공 이야기는 경영 혁신의 모범 사례로 회자되고 있다. 일본 아사히야마 동물원의 혁신은 지극히 평범한 한 직원의 관심이 변하면서 시작되었다.

동물원 직원이던 신조 마사토는 조직의 발전에는 아무런 관심이 없이 하루하루 일과를 수동적으로 보내는 사람이었다. 그랬던 그가 동물원의 위기를 경험하고 자신의 태도를 반성하면서 아사히야마 동물원에 변화가 일어나기 시작했다.

아사히야마는 일본의 전체 동물원 가운데서 몇 번씩이나 꼴찌를 할 정도로 운영이 부실했다. 그래서 관할 시청은 동물원 자체를 없애는 방안을 검토했고, 동물원이 폐원 위기에 처하면서 직원들도 술렁이기 시작했다.

대학 선배에게서 애견 센터에서 같이 일하자는 제의를 받은 신조는 동물원이야 어떻게 되든 말든 전혀 관심이 없었다. 그는 동물원에서는 대충 시간이나 때우다가, 퇴근 후에는 밤낚시를 하거나 편안하게 홀로 시간을 보내곤 했다. 그러다 마침내 원장에게 사직서를 제출했다.

그러나 왠지 모를 답답한 마음이 든 신조는 그동안 무관심했던 동료들을 하나하나 새롭게 바라보기 시작했다. 특히 '천재 사육

샤' 라 불리는 동료 유키가 열심히 일하는 모습을 바라보면서 신조는 그동안 빈둥거렸던 자신의 모습을 반성하게 되었다.

그러다 우연히 식당에서 한 조각가를 만났는데, 이 만남이 변화의 결정적 계기가 되었다. 사업을 하며 정신없이 돈을 벌다가 뒤늦게 자신의 진짜 꿈을 깨닫고 예순을 넘긴 나이에 조각가의 길을 선택한 그의 삶이 신조의 마음을 움직인 것이다. 동물원을 지키는 일이야말로 자신이 반드시 해야 할 의미 있는 일임을 깨달은 신조는 원장을 찾아가 사직서를 다시 되찾았다.

다음 날부터 신조는 동료들과 함께 동물원을 되살리기 위해 적극 나섰다. 다양한 이벤트를 진행하며 위기를 극복할 대책을 마련하기 위해 고심했다. 그러다 신조는 자주 들르던 라면 가게에서 결정적 해답을 찾게 되었다. 그 가게는 두 평 남짓한 작은 음식점이지만 항상 손님들로 붐볐다. 주인에게 그 비결을 묻자, 주인은 간단하면서도 의미심장한 대답을 했다. "행복을 팔기 때문"이라는 것이다. 주인은 자신이 경험한 바에 따르면 맛있는 음식, 청결한 환경, 친절한 서비스 같은 것은 줄기나 이파리에 불과한 것이라 했다. 그 모든 것들이 완벽하다 해도 '행복을 선사'한다는 본질, 즉 뿌리가 약하면 오래 못 가서 쓰러지고 만다는 것이다.

'동물원의 본질은 무엇일까?' 신조는 이러한 의문을 화두로 삼아 동물원 직원들과 함께 세미나를 열고 열띤 토론을 벌인 끝에 지향점을 발견했다. 야생 그대로의 모습을 보여주는 동물원, 동물과 인간이 함께 즐기는 '꿈의 동물원'이 그것이다.

동물을 한 각도에서만 보면 관람객들이 금세 식상해한다고 진단하고 동물을 다각도에서 관찰할 기회를 제공했다. 사자의 얼굴을 코앞에서 볼 수 있는 유리 창문, 빠른 속도로 헤엄치는 물개와 펭귄을 볼 수 있는 유리 터널 등으로 관람객이 그동안 볼 수 없었던 장면을 선사했다. 사육사가 원숭이에게 먹이를 줄 때는 먹이를 짚 속에 숨기거나, 매번 숨기는 장소를 바꾸어 관람객들이 원숭이가 머리를 써서 먹이를 찾는 모습을 볼 수 있도록 했다. 양이나 토끼를 직접 안아보는 '동물체험농장', 새들이 큰 소리로 울거나 날갯짓을 하는 '새들의 마을', 실제 남극의 바다에서처럼 펭귄들이 자유롭게 수영하는 모습을 한눈에 볼 수 있게 만든 '펭귄관' 등을 접한 관람객들은 탄성을 자아냈다.

그러한 노력 덕분에 아사히야마 동물원은 시민들은 물론, 세계 각지에서 관광객들이 몰려오는 명소로 탈바꿈할 수 있었다. 관람객 감소와 예산 부족으로 폐원 위기까지 몰렸던 동물원으로서는 상상도 못했던 눈부신 성장이었다.

취업·인사 포털 인크루트가 이직을 준비하고 있는 직장인 420명을 대상으로 설문조사를 한 결과, 30.5퍼센트가 이직을 결심한 사유로 '불만족스러운 연봉'을 꼽았으며, '불투명한 회사의 미래'(21.2%)와 '고용안정에 대한 불안감'(14.8%) 때문이라는 대답이 뒤를 이었다.

요즘 직장인들의 관심이 어디에 있는지를 엿볼 수 있는 조사 결과다. 그러나 분명히 알아야 할 것은 만족스러운 연봉을 주고, 미래가 투명하며, 고용안정에 대한 불안감이 없는 직장은 이 세상 그 어디에도 없다는 사실이다. 다만 각자가 각자의 자리에서 그러한 환경을 스스로 만들어갈 뿐이다.

꿈꾸는 비전을 이루기 위해서는 먼저 관심을 새롭게 변화시켜야 한다. 특히 다음 세 가지에 관심을 기울여야 한다. 첫째, 일의 본질에 관심을 기울여야 한다. 자신이 몸담고 있는 조직이 고객에게 어떤 행복을 선사하는지, 즉 조직이 존재하는 본질적인 목적이 무엇인지를 명확히 재인식해야 한다.

둘째, 새로운 가치를 창출하는 데 관심을 기울여야 한다. 고객에게 행복을 선사한다는 조직의 본질에 충실해진다면 어떤 새로운 가치를 창출할 수 있는지 재인식해야 한다.

셋째, 해야 할 일에 관심을 기울여야 한다. 조직이 새로운 가치를 창출하려면 자기가 무엇을 해야 하는지, 자기가 할 수 있는 일이 무엇인지를 재인식해야 한다.

관점이 다르면 서로 다른 것을 본다

또 하나 중요한 사실은 '세상이 관점대로 보인다'는 것이다. 미국의 사상가 랠프 트라인(Ralph Trine)은 "세상을 밝게 보는 사람도 있고 세상을 어둡게 보는 사람도 있다. 각자의 관점에서 보면 둘 다 옳다. 그러나 세상을 보는 관점에 따라 즐거운 삶과 고통에 찬 삶, 성공한 인생과 실패한 인생이 결정된다"라고 했다. 세상은 관점대로 보인다. 삶과 경영의 질은 그 관점에 따라 결정된다.

월마트의 전 사장인 돈 소더퀴스트는 신규 매장을 오픈하기 전에, 샘 월튼과 함께 경쟁 업체를 방문했다. 그들이 둘러본 매장은 형편없었다. 손님이라곤 한 명도 없었다. 매장에는 고객들의 쇼핑을 도와줄 직원도 없었다. 통로는 물건과 텅 빈 선반과 먼지로 가득했다. 그때 월튼이 소더퀴스트에게 물었다.

"어떻게 생각해? 돈."

"샘, 이곳은 평생 처음 보는 아주 형편없는 매장이야. 통로를 보았나?"

"돈, 자네 팬티스타킹 선반을 보았나?"

"아니, 못 봤어."

"그것은 내가 지금까지 본 가장 훌륭한 팬티스타킹 선반이었어. 선반을 당겨서 뒤를 보니, 제작자의 이름이 적혀 있더군. 그 제작자들에게 전화를 걸어 한번 만나보게. 난 그 선반을 우리 매장에 들여놓고 싶어."

"......."

"자네, 화장품 진열대를 보았나?"

"......."

"이곳은 3미터나 되더군. 우리 매장의 화장품 진열대는 1미터밖에 되지 않는데 말이야. 우리가 완전히 잘못 생각하고 있어. 거기에도 이름이 있더군. 제작자를 한번 부르게. 우리 화장품 코너를 확장할 필요가 있어."

같은 장소를 방문했지만, 월튼과 소더퀴스트가 본 것은 서로 달랐다. 바라보는 관점이 달랐기 때문이다. 한 사람은 '평가'의 관점에서 바라보아 상대 매장을 폄하했고, 한 사람은 '인식'의 관점에서 바라보아 상대 매장에서 배울 점을 발견했다. 이처럼 어떤 관점에서 바라보느냐에 따라 그 사람이 관찰하는 것은 완전히 달라진다.

지혜로운 사람은 때와 장소에 맞는 가장 적절한 관점으로 관찰한다. 경쟁 업체의 매장을 방문했다면 당연히 평가의 관점이 아니라 인식의 관점에서 바라보아야 한다. 인식의 관점에서 바라봐야 열린 마음으로 융통성 있게 탐구할 수 있고, 새로운 것을 발견할 수 있다. 그래야 배울 점을 발견하고, 다른 사람들이 보지 못하는 것을 볼 수 있다.

다른 사람이나 사건, 상황을 바라볼 때는 다양한 관점에서 생각해볼 필요가 있다. 특히 중요한 의사 결정을 내릴 때는 다음 세 가지 관점에서 생각해보고 결정하는 것이 바람직하다.

첫째, 목적을 고려한 관점이다. 일의 목적과 수단이 뒤바뀌지 않도록 해야 한다. 일의 본질적인 목적과 의도가 무엇인지 생각해보라. 그리고 그 일을 처음 시작했을 때 마음에 품었던 생각이나 원칙을 기억해보라.

둘째, 사실을 있는 그대로 보는 관점이다. 어떤 상황에 대한 의견이나 해석은 사실과 다를 수 있다. 무엇이 사실이고, 무엇이 사실이 아닌지 분별해야 한다. 모든 것은 사실을 있는 그대로 보고 결정해야 한다.

셋째는 객관적인 관점이다. 주관적인 견해에서 벗어나 객관적으로 바라보라. 부정적이든 긍정적이든 감정에 휩싸인 상태에서는 중요한 의사 결정을 보류하는 것이 좋다. 충분히 생각해보고 마음의 평정을 회복한 상태에서, 객관적인 해석을 바탕으로 판단하고 결정하는 것이 바람직하다.

관찰자의 관점과 능동적인 역할이 중요하다

옛날 한 작은 외딴 마을에 천 개의 거울이 있는 집이 있었다. 늘 행복한 작은 강아지 한 마리가 그 집에 대한 얘기를 듣고는 한번 가 보기로 마음먹었다. 그곳에 다다른 녀석은 즐거운 마음으로 집 앞 계단을 올라가 문 앞에 섰다. 귀를 쫑긋 세우고 꼬리를 흔들면서 문 사이로 집 안을 들여다보았다. 놀랍게도 그 안에는 천 마리의 강아지들이 녀석을 쳐다보면서 귀를 세우고 꼬리를 흔들고 있는 게 아닌가. 녀석은 너무나 즐거워 웃음이 터져나왔다. 그러자 천 마리의 강아지도 따뜻하고 친근한 웃음을 지었다. 강아지는 그 집을 떠나면서 속으로 중얼거렸다. 정말 멋진 곳이야. 자주 놀러 와야겠다.

같은 마을에 또 다른 강아지가 있었다. 이 녀석은 앞의 녀석과는 달리 전혀 행복하지 않았다. 녀석도 그 집에 가 보고 싶은 생각이 들었다. 녀석은 천천히 그 집 계단을 올라가 문을 빠끔히 열고 안을 들여다보았다. 그러자 천 마리 강아지들이 불쾌한 얼굴로 자신을 바라보고 있는 것이 아닌가. 녀석이 으르렁거리자, 천 마리의 강아지들도 녀석에게 으르렁거렸다. 그 집을 나오면서 녀석은 툴툴거렸다. 이렇게 무서운 곳이 다 있담. 다시는 오지 않을 테다.

작가 안드레스 라라(Andres Lara)의 글이다. 세상을 살아가는 사람들이 인식하는 현실은 모두 다르다. 60억 인구만큼의 현실이 존재

한다. 기쁨의 눈으로 바라보면 세상은 온통 기쁨이고, 두려움의 눈으로 바라보면 세상은 온통 두려움이다. 세상은 어떤 의미에서 자신의 모습을 비추는 거울인 셈이다. 따라서 세상을 바라보는 관찰자의 관점과 능동적인 역할이 중요한 것이다.

관점의 틀, 패러다임을 바꿔라

다음 그림은 루트비히 비트겐슈타인(Ludwig Wittgenstein)의 다의도형(多義圖形)인 '오리-토끼(duck-rabbit)'다. 이 그림을 보고 오른쪽 방향을 보고 있는 오리 그림인지 왼쪽 방향을 보고 있는 토끼 그림인지 판단하는 것은 오로지 보는 사람의 마음에 달려 있다. 그 형상을 결정짓는 것은 그림이 아니라 보는 사람의 눈이다. 마찬가지로 세상에 대한 이미지를 결정짓는 것은 세상이 아니라 보는 사람의 내면에 있는 관점이다.

〈다의도형, 오리-토끼〉

사람의 내면에는 그 사람만의 특별한 기억이나 판단, 태도, 지식, 경험, 가치, 신념 등이 내재되어 있다. 그것들이 총체적으로 반영되어 그 사람만의 독특한 '관점의 틀'을 형성한다. 가치관, 세계관 혹은 패러다임이라고도 불리는 이 '관점의 틀'을 브라이언 왈시(Brian Walsh)와 리처드 미들턴(Richard Middleton)은 "지각의 틀이며, 사물을 인지하는 방식", "삶에 대한 시각이요, 삶을 위한 시각"이라 표현했다. '관점의 틀'은 매 순간 상황마다 끊임없이 작용하며 상황을 인식하는 데 영향을 미치고, 판단과 결정, 행동에 영향을 미친다.

일반적으로 '관점의 틀'이 작용하여 영향을 끼치는 과정에는 두 가지 모형이 있는데, 바로 기계 모형과 자율 모형이다. 어느 모형에 따라 작용하느냐에 따라 관찰자의 능동적인 역할이 달라진다. 기계 모형에 따라 작용하는 관점을 가진 사람은 환경의 압력에 수동적으로 대응하는 사람으로서 행동이 환경에 따라 위축된다. 반면에 자율 모형에 따라 작용하는 관점을 가진 사람은 자신의 의지에 따라 능동적, 적극적으로 대응한다. 이 자율 모형에 따라 작용하는 관점을 가진 사람이 세상과 환경을 기회 창출의 장으로 만들어가는 주도적인 패러다임의 소유자라 할 수 있다.

현실 인식을 왜곡하는 내부 요소를 제거하라

사람들이 안고 있는 문제는 대부분 그 사람 밖에 있는 것이 아니라, 그 사람의 내면에 있는 버그(bug)다. 그러므로 사람 밖에 있는 문제보다 그 사람 안에 있는 문제, 즉 현실 인식을 왜곡하는 내부 요소를 가장 먼저 해결해야 하는 것이다.

『성경』은 "먼저 네 눈 속에서 들보를 빼어라 그 후에야 밝히 보고 형제의 눈 속에서 티를 빼리라"(마태복음 7:5)라고 전한다. 관찰자의 내면에 '현실 인식을 왜곡하는 요소'가 있으면 현실을 올바르게 인식할 수 없다.

고정관념이나 편견, 선입견 등이 현실 인식을 왜곡하는 대표적인 것들이다. 또 과거의 충격적인 경험이나 감정이 현실을 왜곡하기도 한다. "자라 보고 놀란 가슴 솥뚜껑 보고 놀란다"는 속담이 그런 경우를 가리키는 것이다. 또 비합리적인 신념이나 폭넓은 사고를 방해하는 신념, 잘못된 상식과 통념이 현실을 왜곡한다.

이러한 관찰자 내면에 존재하는 현실을 왜곡하는 요소를 제거해야 세상을 있는 그대로 바라볼 수 있다. 그래야 어떤 상황에 대한 반응과 대응을 올바르게 할 수 있다. 따라서 우리 모두에게는 세상과 더불어 자기 자신의 내면을 들여다볼 시간이 필요하다.

현실을 있는 그대로 직시하고, 환경에 굴복당하지 않으며, 주도적인 삶과 경영을 펼쳐가기 위해서는 다음과 같은 내면의 변화와 성장이 필요하다.

첫째, 과거의 부정적인 사건을 다시 바라봐야 한다. 자신의 아픈 경험이나 상처를 치유하고, 부정적인 상처에서 벗어나야 한다. 상처를 극복하는 방법 중 가장 쉽고 효과적인 방법은 그 사건에서 교훈을 찾아내는 것이다. 실수와 실패를 통해서 배우고 그것을 자기만의 값진 자산으로 삼아야 한다.

둘째, 상식을 검증해야 한다. 자신이 알고 있는 상식과 통념을 검증해보라. 사실을 있는 그대로 보는 관점에서 다시 한 번 생각해보고, 잘못된 상식과 통념은 과감하게 정리하라. 그리고 올바른 지식과 지혜로 바꿔가야 한다.

셋째, 신념을 재검토해봐야 한다. 자기 내면에 있는 비합리적인 신념과 폭넓은 사고를 방해하는 신념을 합리적으로 개선하라. 자신의 행동이 환경에 위축되지 않고, 어떠한 환경에서도 능동적이고 적극적으로 행동할 수 있도록 주도적인 패러다임으로 전환하라.

아는 만큼 볼 수 있다

차를 몰고 가던 한 남자가 도랑물을 만났다. 물의 깊이를 몰라 망설이던 남자는 옆에 있던 한 아이에게 물었다.

"얘야, 저 도랑이 깊니?"

"아뇨, 아주 얕아요."

남자는 아이의 말을 믿고 그대로 차를 몰았다. 그러나 차는 물에 들어가자마자 깊이 빠져버리고 말았다. 겨우 물에서 빠져나온 남자는 아이에게 고래고래 소리를 지르며 화를 냈다.

"야 이놈아! 깊지 않다더니 내 차가 통째로 가라앉았잖아! 네가 지금 어른을 가지고 노냐?"

그러자 아이는 고개를 갸우뚱거리며 말했다.

"어? 이상하다. 아까 오리는 가슴밖에 안 찼는데……."

우스갯소리 같은 이야기지만, 삶과 경영의 현장에서는 이와 비슷한 일들이 의외로 많이 벌어진다. 자신이 직접 눈으로 확인해 확실하다고 믿었는데 그러한 믿음이 배신당하는 일이 비일비재하다. 그 이유는 아는 만큼만 보이기 때문이다.

연간 매출액이 150억 원을 넘는 의류 쇼핑몰을 운영하는 여사장은 성공 비결을 묻는 질문에 "옷을 파는 것이 아니라 코디를 판다"고 대답했다. 사업의 본질을 꿰뚫어 본 말이다. 원래는 남편이 사장이었는데 옷을 고르는 안목이 없어서 사업이 망했다. 그래서 디자이너 출신인 아내가 경영을 맡아 다시 일으켰다. 그때 남편이 웃으면서 한 말이 걸작이다. "제 아내는 옷을 고르는 눈이 있고, 저는 여자를 고르는 눈이 있어요."

모든 것은 아는 만큼 보이는 법이다. 그래서 깊고 넓게 볼 수 있는 안목을 키워야 한다. 그래야 전문가가 될 수 있다. 초보는 이 안목이 없기 때문에 절대 보지 못하는 것들이 있다. 초보는 본질을 보지 못하고, 품질의 미세한 차이를 분별하지 못한다. 그리고 문제가 생겨도 정확한 원인을 찾아내지 못한다. 정확한 원인을 모르니 그 상황에 맞는 적절한 해법도 찾아내지 못하는 것이다.

전문가는 안목이 남다르다

장도 장을 담그는 원료와 공정, 온도, 환경에 따라서 그 맛이 천차만별이라고 한다. 전문가란 그 미세한 차이를 아는 사람이다. 품질의 '다름'과 '나음'을 잘 안다. 그 맛의 차이가 어떻게 해서 생기는지, 어떻게 하면 그 맛을 달라지게 할 수 있는지를 잘 알기 때문에 더 나은 성과를 올리고 더 가치 있는 상품을 만들 수 있는 것이다.

EBS 다큐멘터리 프로그램 〈다큐-10〉에서는 '도전! 클래식 스타-최후의 승자'라는 다큐멘터리를 방송한 적이 있다. 음악학교에 입소한 10명의 학생들을 대상으로 길거리 연주와 같은 담력 훈련과 개인 교습을 실시하고, 일주일 단위로 테스트를 하여 두 명씩 탈락시키면서 마지막으로 세 명을 선정한 뒤, 오케스트라와의 협연과 독주 콘서트를 통해 최후의 승자를 가리는 과정을 담은 다큐멘터리였다.

가장 인상 깊었던 대목은 중간중간 탈락자를 가려내는 심사위원들의 회의 장면이었다. 그들은 한 주 한 주 성장해가는 연주자들에 대한 의견을 나누고 토론하며 심사를 진행했다. 일주일 동안의 연습으로 연주 실력이 얼마만큼 성장했는지, 독주할 때는 자기만의 음악을 어떻게 만들어내고, 다른 연주자와 협연할 때는 어떻게 조율하며 하모니를 이루어내는지, 연주자의 태도와 미세한 소리의 변화를 보면서 앞으로의 성장 가능성에 초점을 두고 최후의 승자를 가려냈다.

심사위원들의 안목과 전문성은 남달랐다. 음악은 물론 사람을 깊이 이해하고 있었다. 특히 눈으로 볼 수 있는 것들을 통해서 눈에 보이지 않는 것들을 읽어내는 능력이 돋보였다.

이처럼 자기 분야에서 전문가로 성장하려면 다음과 같은 안목과 전문성을 키워야 한다. 첫째, 품질의 미세한 차이를 보는 눈을 길러야 한다. 아주 미세한 차이일지라도 무엇이 어떻게 다르고, 어떤 측면에서 더 좋고, 더 나은지를 알아볼 수 있어야 한다.

둘째, 문제의 원인을 파악해내는 눈을 길러야 한다. 무엇이 진짜 문제인지를 알아야 한다. 겉으로 드러난 현상은 무엇이고, 그 현상을 발생시킨 근본적인 원인이 무엇인지 알아야 한다. 인과관계를 명확하게 규명해내는 능력이 있어야 한다.

셋째, 적절한 해법을 찾아내는 눈을 길러야 한다. 현실적인 제약과 한계가 있더라도 어떻게 하면 더 나은 성과를 올리고 더 많은 가치를 창출할 수 있는지, 현실에 맞는 최적의 솔루션을 찾아내는 능력이 있어야 한다.

모든 일의 첫 단추는 관찰이다

성공 비결은 '전력'이 아니라 '전략'에 있다. 어느 분야에서든 일을 성공적으로 추진하려면 전략이 필요한데, 그 전략을 세우는 첫 단추는 관찰이다. 2002월드컵 때 거스 히딩크 감독이 한국에 와서 맨 처음 한 일은 바로 관찰이다. 히딩크 감독은 선수들을 관찰하고는 "개인기와 체력은 좋은데 정신력이 문제"라고 말했다. 의외의 진단이었다. 국내 전문가와 감독들은 그동안 반대로 생각해왔기 때문이다. 정확한 관찰과 진단이 있어야 제대로 된 처방이 나온다. 새로운 기회를 창출하고 가능성을 현실화하는 전략은 바로 관찰에서 시작된다.

카드 시장에 뒤늦게 뛰어들었음에도 카드 업계에서 돌풍을 일으킨 현대카드는 독특한 관찰 여행을 실시한다. 사장을 비롯한 임원 10여 명이 세계를 돌아다니며 트렌드를 주도하는 대가들을 만나는 '인사이트 트립'이라는 여행을 하는 것이다. 다른 기업이나 분야에서 성공을 거둔 대가들의 성공 비결을 이해하고, 그 요소들을 사업에 어떻게 접목할지를 고민하는 관찰 여행이다.

이처럼 성공적인 경영 전략을 세우기 위한 첫 단계는 바로 관찰이다. 이노디자인의 김영세 대표는 하나의 디자인을 만들기 위해 '관찰→이해→예측→형상화→커뮤니케이션→실행'의 6단계를 거친다고 설명했다. 디자인의 첫 단계는 스케치가 아니라 관찰이라는 것이다. 어느 정도나 관찰을 하는지 묻는 질문에 그는 이렇게 대답했다. "정해진 규칙은 없다. 디자이너의 일상생활이 바로 관찰, 이해, 예측이다. 그러다 보면 자신도 모르게 아이디어가 나온다."

관찰은 생존 전략의 핵심이다

동물의 왕국에서 사냥의 첫 단계도 바로 관찰이다. 포식자들은 사냥에 앞서 먼저 상황을 조용히 관찰한다. 바닷속 생물들도 마찬가지다. 그들은 먹잇감을 얻기 위해 혹은 먹잇감이 되지 않기 위해 위장술을 사용하며 관찰한다.

새우고기는 몸을 낙엽처럼 변화시키고, 흉내문어는 무려 40여 가지 위장술을 사용한다. 씬뱅이는 몸의 색깔을 수시로 바꿀 뿐 아니라 피부와 몸의 형태까지 주변 환경에 맞게 변화시킬 수 있어서 위장의 귀재로도 불린다. 눈속임의 천재들이다. 상대를 속여야 사는 이들의 생존 전략은 위장술이다.

『손자병법』에 "상대방의 의도와 모습은 밖으로 드러나게 하고, 나의 의도나 모습은 밖으로 드러나지 않게 한다"는 말이 있다. 전쟁에서든, 경쟁에서든 상대편을 관찰하는 것은 생존을 위해 매우 중요하다. 상대를 알고, 상대의 움직임을 예의 주시하고 있다면 상대를 손바닥 위에 올려놓고 있는 것이나 마찬가지다. '이겨놓고 싸우는' 필승 전략은 바로 관찰에서 나온다.

관찰 도구의 개발은 가치를 혁신하는 촉매제다

관찰을 성공적으로 하기 위해서는 자기 분야에 적합한 관찰 도구도 필요하다. 군사 분야에서는 관찰을 위한 첩보위성 영상기술 개발 경쟁이 치열하게 벌어지고 있다. 일부 국가들은 대기권 밖의 상공에서 다른 나라들의 군사, 정치, 경제에 관한 각종 정보를 수집하는 전략적인 정찰을 수행하고 있다. 특히 미국은 러시아나 평양 시내를 지나다니는 자동차 번호판까지 식별할 수 있을 정도라고 한다.

또한 CCTV나 현미경, 망원경, 야간 투시경은 물론 내시경이나 초음파도 모두 관찰을 위한 도구다. 특히 의료 분야에서는 내시경 개발로 기존의 청진기를 이용한 듣는 진단에서 직접 눈으로 보는 시각 진단의 시대가 열렸다. 위암과 대장암의 완치율을 높인 1등 공신이 바로 조기 진단을 가능케 한 내시경이라고 할 정도니까 관찰이야말로 생사를 결정짓는 핵심 요소라 해도 과언이 아니다. 이와 같이 관찰 도구의 개발은 해당 분야의 업무를 파격적으로 개선하고 가치를 혁신하는 데 촉매제의 역할을 한다.

그래도 도구는 도구일 뿐이다. 무엇보다 중요한 것은 관찰자의 관찰력이다. 관찰력을 끌어올리기 위해서는 다음과 같은 사항에 유념해야 한다.

첫째, 감각적 민감성을 기르고 직관을 활용해야 한다. 관찰을 할 때는 시각, 청각, 후각, 미각, 촉각과 같은 오감은 물론 육감이라 불리는 직관을 활용해야 한다. 오감을 통해 인지한 실제 경험을 중시하고, 정확한 관찰을 바탕으로 전략을 수립하고 일에 착수해야 한다. 그와 동시에 육감이나 영감에 의존해 눈에 보이지 않는 본질을 파악하고, 미래 지향적으로 가능성과 의미를 추구하며, 비약적인 상상력도 발휘해야 한다.

둘째, 사실을 파악하는 능력을 길러야 한다. 관찰의 핵심은 사실을 파악하는 것이고, 제대로 관찰하기 위해서는 인내가 필요하다. 동물학자 카를 프리슈(Karl Frisch)는 "나의 관찰력이란 대단한 것은 아니다. 단지 움직이지 않고 돌 틈에 몇 시간 동안 누운 채로 생물을 끈질기게 주시하는 힘일 뿐이다. 무신경한 행인들이 못 보고 지나치는 순간, 세계는 참을성 많은 관찰자에게 그 놀라운 모습을 드러낸다"라고 했다. 인내심을 발휘해 대상의 여러 측면을 관찰하거나 둘 이상의 대상을 비교하며 관찰하고, 시간에 따른 변화를 지속적으로 관찰해야 한다.

셋째, 새로운 사실과 패턴을 발견해야 한다. 관찰 대상에 능동적인 작용을 가하면서 그 변화를 관찰해야 한다. 대상 자체를 바꾸거나, 대상의 주변 환경에 변화를 가하면서 관찰하는 것이다. 이 같은 창의적 관찰은 새로운 인과관계를 좀 더 명확하게 밝혀내는 데 큰 도움이 된다.

제2부

See
The
Unseen

무엇을 볼 것인가?

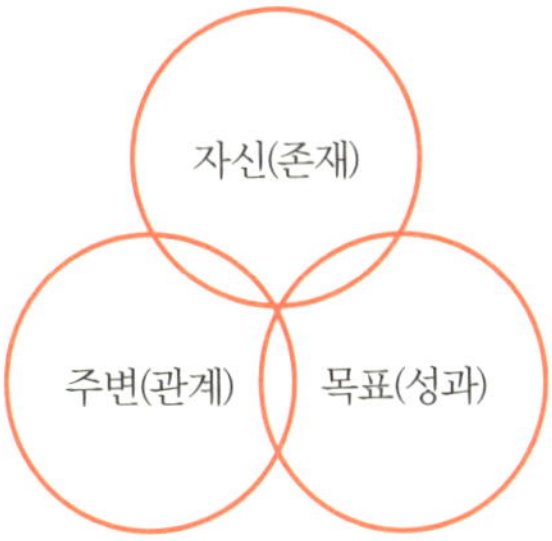

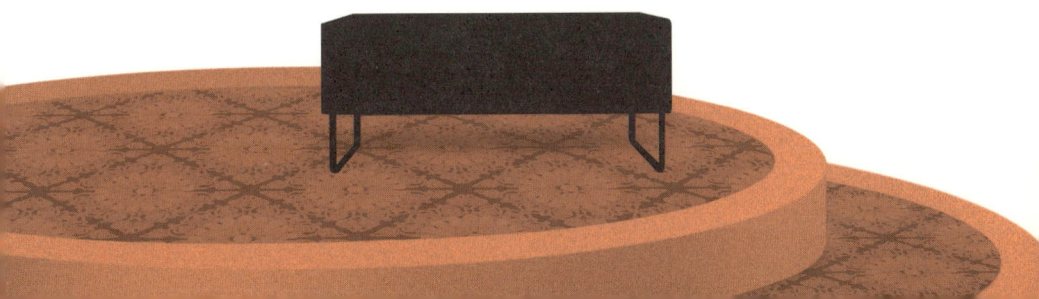

자신(존재)

주변(관계)　목표(성과)

S e e   T h e   U n s e e n

자신을 온전히 들여다보라

자신의 존재법칙에 충실하는 것이야말로 인생에서 가장 용기 있는 행동이다. —카를 융

자신을 모르면 아무것도 모르는 것이다

자신에게 관심을 기울이고, 자신을 알아가는 것은 매우 중요하다. 우화 작가 장 라퐁텐(Jean La Fontaine)은 "온 세상을 다 알아도 자신을 모르면 아무것도 모르는 것이다"라고 했다. 그만큼 자신을 아

는 것이 중요하다는 것을 강조한 것이다.

스승 앞에 한 제자가 찾아와 물었다.

"인간의 진정한 가치는 무엇입니까?"

스승은 그에게 진귀한 보석 하나를 주면서 말했다.

"이 보석을 시장으로 가져가 값을 물어보아라. 그러나 어떤 값에도 팔지는 말아라."

제자는 맨 먼저 과일 가게로 가서 주인에게 물었다.

"이 보석에 대한 대가로 무엇을 주겠습니까?"

"오렌지 두 알을 주리다."

다음으로 그는 감자를 파는 상인한테 갔다. 그 상인은 이렇게 말했다.

"그 보석을 내게 준다면 감자 네 근을 주겠소."

그는 이번에는 대장간으로 갔는데, 대장장이는 보석상을 한 경력이 있어 그 보석을 보자 500루피를 주겠다고 했다.

제자는 몇 군데를 거쳐 그 도시에서 가장 유명한 보석상에 들렀다. 이 보석상 주인은 그 보석을 자세히 살펴보더니 이렇게 말했다.

"이 보석은 돈으로 사고팔 수 있는 것이 아니오. 이 보석은 값을 매길 수 없을 만큼 대단한 가치를 지니고 있소."

제자는 그 보석을 들고 스승에게 돌아와 자신이 겪은 바를 이야기했다. 그러자 스승이 말했다.

"이제 너는 인간의 진정한 가치를 깨달았느냐? 사람은 자신을 오렌지 두 알에 팔아넘길 수도 있고, 감자 네 근에 팔아버릴 수도 있으며, 500루피에 팔 수도 있다. 그러나 또한 자신이 원한다면 값으로 따질 수 없을 만큼 귀한 존재로 만들 수도 있다. 그 모든 것은 자신을 어떻게 생각하느냐에 달려 있느니라."

당신은 자신을 어떻게 평가하고 있는가?

자신에 대한 인식이 삶의 방향과 가치를 결정한다

자신에 대한 다른 사람들의 인식과 평가는 분분할 수밖에 없다. 보는 눈이 다르고, 보고 평가하는 때와 장소가 다르기 때문이다. 더구나 사람은 변화하고 성장하는 '가능성을 지닌 존재'이기 때문에 더욱 그렇다. 중요한 것은 남들의 인식과 평가가 아니라 스스로의 인식과 평가다.

영국의 정치가 윌리엄 윌버포스(William Wilberforce)는 "대중의 평가는 우리 자신의 자체 평가에 비교하면 큰 영향을 미치지 못한다. 자신에게 내리는 평가가 곧 그의 생애를 결정하든지 아니면 최소한 인생의 지표가 된다"라고 했다.

자신에 대한 인식과 평가가 삶의 방향과 가치를 결정한다. 다시 말하면, 삶의 방향과 가치를 결정하는 주도권은 다른 사람이나 환경에 있는 것이 아니라 자신에게 있다. 이러한 자유의지는 모든 인간에게 주어진 최고의 선물이며 축복이다.

고대 그리스 델포이의 아폴론 신전 현관 기둥에 새겨진 "너 자신을 알라"는 말은 소크라테스가 즐겨 인용하면서 유명해졌다고 한다. 소크라테스는 인간의 지혜가 신에 비하면 하찮은 것에 불과하다는 생각에서, 그리고 무엇보다 먼저 자기의 무지(無知)를 아는 것이 중요하다고 여겨 이 말을 자신의 철학적 활동의 출발점으로 삼았다.

자신을 안다는 것은 자신의 무지함은 물론 자신의 정체성을 아는 것이다. 더불어 자신의 비전과 사명, 강점과 탁월함, 역할, 자신이 소중히 여기는 가치와 행동 원칙 등을 아는 것이다. 이러한 자신에 대한 인식이 자기 삶의 방향과 존재의 가치를 결정하는 출발점이다.

그러면 자신을 알아가기 위해서는 어떤 노력을 기울여야 할까?

첫째, 자기관찰이다. 자신에게 꾸준히 관심을 기울이며 스스로를 관찰해야 한다. 위파사나 명상 수행에서는 신수심법(身受心法)을 잘 관찰하는 것이 핵심이다. 신이란 자신의 몸을 관찰하는 것이고, 수는 느낌, 심은 마음, 법은 의식의 흐름을 관찰하는 것을 말한다. 자신의 몸과 마음을 꾸준히 관찰해야 한다.

둘째, 주변 사람들과의 소통이다. 주변 사람들과 관계를 맺고 소통하는 것은 자신을 알아가는 데 큰 도움을 준다. 다른 사람이 자신을 관찰하고 말해주는 것을 경청하거나 다른 사람의 모습을 관찰함으로써 자신을 좀 더 객관적으로 이해할 수 있다. 그리고 다른 사람과 맺는 관계 속에서 자기 존재의 의미를 발견할 수 있다.

셋째, 신적 존재와의 소통이다. 신앙생활을 하면 자신을 객관화할 수 있고, 자기 삶의 시작과 끝을 이해할 수 있다. 거듭남을 통해 자기 내면의 신적 본성을 회복하면 거짓된 자아와 참자아를 분별할 수 있다. 지혜로운 말씀을 통해 자신을 비추어 보고, 좀 더 객관적인 시각에서 바라보면 한 차원 높은 삶의 방향과 가치를 이루어갈 수 있다.

자존감, 자신감, 자존심의 차이

세계적 자존감 계발 전문가인 미아 퇴르블롬(Mia Tornblom)은 열 살 때 한 남자 아이와 다툰 것이 계기가 되어 축구를 시작했다. "여자 는 축구를 못한다!"라고 주장하는 남자 아이 때문에 발동한 오기 가 축구 클럽에 가입한 동기였다. 축구는 그녀에게 커다란 즐거움 을 주었고, 훈련 캠프에 참여하여 새로운 친구도 많이 사귀었다. 축구 실력 또한 남자 아이들에게 뒤지지 않을 자신감도 있었다. 하지만 그녀는 그 시절 자신의 '자존감'은 그리 높지 않았던 것 같 다고 고백했다. 실제로 그녀는 발레나 핸드볼을 더 좋아했는지도 모른다고 말했다.

자존감이란 '자신에 대한 평가로서 자신의 재능, 중요성, 성공 가능성, 그리고 가치를 믿는 정도'를 의미한다. 즉 자신만의 특별한 가치를 인식하는 정도이다. 반면에 자신감은 '어떤 일을 성취할 수 있는 자신의 능력에 대한 강한 믿음'이다. 즉 어떤 일이나 목표를 스스로 이뤄낼 수 있다고 믿는 것을 말한다. 자존감이 '존재 가치' 에 초점을 맞춘 것이라면, 자신감은 '능력'에 초점을 맞춘 것이다.

자존감이 약한 사람들은 변화무쌍한 자신의 소유물이나 명예, 권력, 학력, 인맥 같은 것을 자신과 동일시한다. 그리고 그것들을 남과 비교하면서 쓸데없이 자존심을 세우거나, 불필요한 우월감 혹은 열등감에 사로잡히기도 한다. 자신이 아닌 것에서 자아를 찾기 때문에 그렇게 되는 것이다. 이렇게 거짓된 자아 인식을 바탕으로 다른 사람과 비교하며 느끼는 우월감이나 열등감은 상대적일 뿐만 아니라, 얼마든지 변할 수 있고, 사라질 수도 있다. 그래서 자존심에 근거한 자기평가는 늘 불안할 수밖에 없고 흔들릴 수밖에 없다.

자존감과 자신감은 성공의 밑천이다

진정한 자존감은 자신의 '변하지 않는 존재 가치'를 스스로 발견하고 인정할 때 강해진다. 자존감이 강한 사람은 자신을 사랑하며, 다른 사람에게 인정받고자 애쓰지 않는다. 애써 자기를 자랑할 필요도 느끼지 않는다. 다만 자신에게 주어진 인생을 사랑하고, 자신의 존재 목적대로 떳떳하고 당당하게 살아간다. 그리고 자신에 대한 다른 사람의 평가에 연연하지 않으며, 그 평가를 기분 나쁘게 받아들이지 않고, 오히려 그것을 거울삼아 한 단계 발전한다.

이러한 자존감은 자신감과 더불어 어떤 일에서나 성공을 보장하는 가장 큰 밑천이다. 자존감과 자신감이 있으면 어떠한 상황과 환경에서도 스스로를 사랑하며 행복하게 성공을 향해 나아갈 수 있다.

안젤름 그륀(Anselm Grun) 신부는 "인간은 내적으로 자유롭다. 다른 사람이 자신에게 상처 입히는 것을 허용하는 것은 자신의 책임이다. 왜냐하면 온전히 자기 자신으로 있으면, 즉 자기 중심을 가지고 서 있으면, 어느 누구에게도 상처받지 않기 때문이다. 그럴 때는 어느 누구도 그를 지배하지 못한다"라고 말했다.

자존감과 자신감이 있어야 진정한 자유인이라 할 수 있다. 그래야 떳떳하고 당당하게 가치 있고 성공적인 삶, 기여하는 삶을 살아갈 수 있다.

진정한 자존감과 자신감은 성공적인 자기관찰을 통해서 자연스럽게 우러나오는 내면의 힘이다. 자존감과 자신감이 내면에서 자연스럽게 우러나오게 하기 위해서는 다음 세 가지를 명확히 인식해야 한다.

첫째는 소중히 여기는 가치와 행동 원칙이다. '나는 누구인가?'에 대한 답인 자기 정체성이 분명해야 한다. 그것을 바탕으로 자신이 소중히 여기는 가치와 자신을 더욱 자신답게 하는 행동 원칙을 분명히 인식하라.

둘째는 비전과 사명이다. 자신의 존재 이유를 발견해야 한다. '자신이 꿈꾸는 미래 모습'을 시각적 이미지로 명료하게 그려내고 자신이 살아가면서 '기여하고자 하는 대상'과 '이루고자 하는 과업'을 명확히 인식하라.

셋째는 강점과 탁월함이다. 자신이 남들보다 잘할 수 있는 것, 탁월하게 해낼 수 있는 것이 무엇인지 분명히 인식하라. 그리고 그것을 바탕으로 자신의 핵심 역할과 역할 모델을 분명하게 설정하라.

잘못된 신념을 제거하라

자기관찰은 살아가는 동안 끊임없이 해야 하는 탐구 작업이다. 자신의 언어와 행동은 물론 자기 내면의 감정, 사고, 가치, 욕구 등을 관찰하면서 탐구해야 한다. 그 과정에서 마음속에 자리 잡은 잘못된 신념은 반드시 제거해야 한다.

바람이 비에게 시비를 걸었다.

"설마 사람들이 너를 싫어하는 걸 모르는 건 아니겠지? 네가 어디를 가든 사람들이 전부 너를 피하잖아."

그러나 비는 기가 죽기는커녕 우쭐대며 말했다.

"내가 어째서 사람들의 미움을 받는다는 거야? 사람들이 나를 보면 화려한 형형색색의 우산을 펴고 환영하는 거 못 봤어?"

긍정적인 신념을 강조하는 우화 한 토막이다. 신념이란 일상에서 활동의 기초로 삼는 생각이다. 신념은 한 개인이 세상에서 무언가를 할 수 있게 만드는 능력의 개폐장치와 같다. 바람직한 신념은 목표를 달성하는 데 필요한 능력과 행동을 이끌어내지만, 잘못된 신념은 가지고 있는 자원을 억제하고 바람직한 상태에 도달하지 못하게 방해한다.

잘못된 신념을 합리적이고 긍정적인 신념으로 개선하라

학교에도 가지 않고 외출도 하지 않는 여자 아이가 있었다. 자기 발이 너무 커서 친구들이 놀린다는 것이다. 엄마가 아무리 설득해도 소용이 없고, 아이는 점점 더 은둔 생활에 빠져들었다.

심리치료사 밀턴 에릭슨은 아이 엄마에게 다음 날 찾아갈 테니 감기에 걸려 누워 있는 것처럼 하라고 했다. 다음 날 엄마는 약속대로 누워 있었고, 에릭슨은 엄마를 조심스럽게 진찰했다.

아이도 곁에 있었다. 에릭슨은 진료를 하는 척하다가 아이의 발을 보았는데 그다지 큰 편이 아니었다. 에릭슨은 엄마를 진찰한 후에 천천히 일어서면서 뒷걸음질 치다가 아이의 발을 세게 밟았다. 그러고는 느닷없이 화를 내면서 말했다.

"네 발이 너무 작아서 내가 네 발을 밟았잖아. 만약 네 발이 컸다면 내가 안 밟았을 텐데 말이야."

아이는 매우 혼란스러워하면서 그를 쳐다보았다. 에릭슨은 엄마에게 필요한 약을 처방해주고는 아이에게 약국에 다녀오도록 시켰다. 그날 저녁 아이는 영화를 보러 가도 되겠냐고 엄마에게 물었다. 석 달 만에 처음 있는 일이었다. 그 다음부터 아이는 학교에도 가고 교회도 갔으며, 오랜 은둔 생활에 종지부를 찍었다.

많은 사람들이 스스로를 제한하는 잘못된 신념에 갇혀서 부정적인 감정과 스트레스에 짓눌린 채 살아간다. 자신과 다른 사람, 일, 돈, 시간, 기회, 세상 등에 대한 잘못된 신념에 갇혀 있는 한, 삶과 경영의 수레바퀴를 건강한 방향으로 굴릴 수 없다. 그러므로 잘못된 신념은 반드시 합리적이고 긍정적인 신념으로 바꾸어야 한다.

잘못된 신념을 관찰하고 개선하기 위해서는 첫째, 자기 내면의 목소리에 귀를 기울여야 한다. 어떤 사건으로 인해 발생하는 '감정적 결과'는 그 사건에 대한 '신념'에서 비롯된다. 다시 말해 감정적 반응의 실질적 근원은 신념이라는 것이다. 그러므로 감정의 변화를 세심하게 관찰하면서, 힘을 빼앗고 의욕을 꺾어버리는 자기 내면의 부정적인 대화를 들어보라. 그것이 어떤 잘못된 신념에서 비롯된 것인지 알아차리고 바람직한 신념으로 개선하라.

둘째, 다른 사람의 목소리에 귀를 기울여야 한다. 남들이 다 아는 자기 입 냄새를 자신만 모르는 것처럼, 남들은 다 알고 있지만 자신만 모르는 사실이 있다. 그래서 다른 사람의 말을 귀담아 들어야 한다. 다른 사람들과 관계를 맺으며 자신을 더 개방하고, 다른 사람들의 조언을 경청하는 것은 자신의 잘못을 알고 개선하는 데 큰 도움이 된다.

셋째, 진리에 귀를 기울여야 한다. 신앙생활을 하면서 지혜로운 말씀을 듣거나 독서를 많이 하라. 진리의 거울에 자기 자신을 비

쳐 보라. 선과 악, 참과 거짓을 분별하는 능력을 키우고, 진리에
귀를 기울이면 자기 내면의 잘못된 신념들을 알아차릴 수 있다.
자연을 탐방하고 관찰하는 것도 좋은 방법이다.

과거의 실패에서 교훈을 찾아내라

인생이 늘 계획한 대로 풀리는 것은 아니다. 때론 실수하고 실패하기도 한다. 그렇다고 스스로 실패자라고 생각해 자책할 필요는 없다. 실패 안에 담긴 소중한 교훈을 탐구의 대상으로 삼고, 성장의 계기로 삼으면 된다.

IBM을 창설한 토머스 왓슨에게 학생들이 물었다.
"성공에 이르는 가장 빠른 길은 무엇입니까?"
왓슨은 미소를 지으면서 대답했다.
"실패의 속도를 두 배로 늘려라. 그러면 성공한다."

성공하는 리더는 실패를 바라보는 관점이 다르다. 실패한 경험을 자산으로 인식한다. 실패를 반드시 피해야 하는 두려운 대상이 아니라, 누구나 겪을 수 있는 학습의 기회로 인식하는 것이다. 3M의 최고경영자인 리비오 드시몬(Livio Desimone)은 이렇게 말했다. "우리는 성공이나 실패의 관점에서 사물을 보는 것은 유용하지 않다고 생각한다. 어떤 아이디어가 처음에 성공하지 못하더라도 우리는 그것을 통해 배울 수 있다."

사람은 과거로 돌아갈 수 없다. 과거로 가는 문은 닫혀 있지만 미래로 가는 문은 새로운 가능성으로 열려 있다. 미래를 과거에

묶어두어선 안 된다. 과거의 사건에 얽매여 있다면 새로운 미래를 만들어갈 수 없다. 과거에서 벗어나지 못하는 것은 대부분 과거 사건에 대한 부정적인 감정에서 벗어나지 못하기 때문이다.

과거의 불행한 기억과 감정은 자신을 힘들게 할 뿐 아니라 미래의 새로운 가능성을 보지 못하게 만든다. 그래서 '과거에서 교훈을 얻어내는 것'이 중요하다. 그것이 과거의 사건에 얽힌 부정적인 감정을 날려버리고, 자신감을 회복할 수 있는 비결이다. 무언가를 시도했다가 실패할 수는 있다. 그러나 그 일에서 교훈을 이끌어내는 것만큼은 실패해선 안 된다.

실수는 또 다른 발견의 정문이다

한 청년이 부모에게 물려받은 전 재산으로 금광을 매입했다. 청년은 모든 열정과 지혜를 동원해 땅을 팠으나 금맥을 찾지 못했다. 파산 위기에 몰린 청년은 광산을 헐값에 팔아넘겼다.

그런데 광산을 인수한 새 주인이 땅을 한 치쯤 파고들자 금맥이 드러났다. 노다지를 발견한 것이다. 새 주인은 일약 대부호가 됐다. 청년은 이 소식을 듣고 나서 광산을 판 것을 후회했지만 그러나 절망하지는 않았다. 이 사건을 통해 매우 중요한 교훈 하나를 얻었기 때문이다.

"한 치만 더 파고들자."

그는 이 같은 신념을 가슴에 품고 보험설계사 일을 시작했다. 그는 고객들을 끈질기게 설득해 불가능하게만 보이던 계약을 성사시켰다. '한 치만 더'라는 신념으로 일한 결과 1년 만에 '세일즈 왕'이 됐다.

실패에서 얻은 교훈은 성공의 밑거름이 된다. 혼다자동차 혼다 소이치로(本田宗一郎) 회장은 "성공은 반복되는 실패와 자기반성을 통해서만 이룰 수 있다. 실제로 성공이란 일의 99퍼센트를 차지하는 실패를 통해 얻을 수 있는 1퍼센트의 결과를 말하는 것"이라고 했다. 실수는 또 다른 발견의 정문이다. 과거의 실패에서 교훈을 이끌어내는 것은 과거의 문제를 해결하고 새로운 미래로 나아가는 가장 좋은 방법이다.

실패에서 교훈을 얻는 실천적인 방법은 다음과 같다. 첫째, 실패한 사건을 한 가지 생각해보라. 그 사건이 발생했던 시간으로 되돌아가서 그때의 상황을 떠올려보라. 마치 헬리콥터를 타고 아래를 내려다보듯이 객관적으로 관찰하라. 그때의 감정에 빠져들지 말고 평정한 마음으로 바라보라.

둘째, 그 사건으로 얻은 교훈을 생각해보라. 실패한 것은 자신의 책임이 아닐 수도 있다. 그러나 교훈을 챙기는 것은 자신의 책임이다. 그 사건을 통해서 얻은 교훈을 모두 적어보라.

셋째, 실패에서 얻은 교훈을 기억하라. 실패에서 얻은 교훈을 기억하면 그 사건과 감정에서 벗어날 수 있다. 교훈을 기억하고 실패한 자신을 용서하라. 실패로 얻은 교훈을 자신만의 값진 자산으로 삼고, 그만큼 성장한 자신을 축하하라.

소중히 여기는 가치와 행동 원칙을 인식하라

가치란 삶에서 우리가 끌어당기거나 거부하는 것을 말한다. 가치는 사람의 내면 깊은 곳에 자리 잡고 있으면서 생활의 기초를 형성한다. 사람들은 가치에 맞는 방식으로 일하고 선택하고 사랑한다. 가치는 삶에서 무엇이 중요하고 소중한지를 판단하는 기준이 된다. 이러한 가치가 삶을 자극하는 진정한 원동력이다.

어떤 표면적인 목표의 밑바탕에는 그 사람이 소중히 여기는 가치가 숨어 있다. 이 무의식적인 동기를 깨닫지 못하면 강력한 추진력을 얻지 못할 수도 있으며, 힘들게 목표를 이루고도 만족감을 느끼지 못할 수도 있다. 이러한 삶의 근본적인 동기와 자극을 제대로 인식해야 삶을 변화시키는 데 필요한 힘과 능력을 배가시킬 수 있다.

성공하는 리더는 '보고 싶은 세상'을 만들어가기 위해 스스로 비전을 세우고, 그 비전을 이루어가기 위한 원칙을 세운다. 이러한 비전과 원칙은 소중히 여기는 가치 위에 세워지는 것이다. 비전과 원칙을 바탕으로 한 강력한 실천이 자신의 삶을 만들고, 조직을 만들며, 같은 꿈을 꾸는 공동체를 만드는 것이다. 이에 대해 스티븐 코비(Stephen Covey)는 "진정한 효율성은 당신의 원칙과 가치, 비전을 분명히 하는 데서 비롯된다. 이것이 습관화될 때 비로소 변화가 시작된다"라고 말했다.

미국의 정치가이자 사상가 벤저민 프랭클린(Benjamin Franklin)은 다음과 같은 13가지 가치와 원칙을 세우고, 이것을 지키며 습관화하기 위해 수첩에 표를 만들어서 매일매일 점검했다고 한다.

절제(Temperance)	과음과 과식을 하지 않는다.
과묵(Silence)	불필요한 말을 하지 않는다.
질서(Order)	모든 것을 제자리에 두고, 주어진 일을 제때에 한다.
결단(Resolutiona)	내가 해야 할 일은 꼭 하겠다고 결심하고, 반드시 실천한다.
검약(Frugality)	다른 사람 혹은 나에게 유익한 일 외에는 돈을 쓰지 않는다.
근면(Industry)	시간을 헛되이 보내지 않고, 항상 유익한 일만 한다.
진실(Sincerity)	남을 속이지 않으며 순수하고 정당하게 생각한다.
정의(Justice)	다른 사람에게 손해를 입히지 않고 나의 유익함도 놓치지 않는다.
온유(Moderation)	극단적인 것을 피한다.
청결(Cleanliness)	몸, 의복, 생활을 깨끗하게 한다.
평상심(Tranquility)	사소한 일로 마음을 흩트리지 않는다.
순결(Chastity)	건강이나 후손을 두는 목적 이외의 성생활은 절제한다.
겸손(Humility)	예수와 소크라테스를 본받는다.

핵심 가치와 원칙은 성공의 열쇠다

사람은 자신이 소중히 여기는 가치에 부합하는 삶을 살아갈 때 뜨거운 열정을 발휘하고 진정한 행복을 누린다. 그럴 때 스스로를 자극하는 강력한 추진력이 발동하기 때문이다. 그래서 내적인 동기부여가 중요하다. 채찍이나 당근 같은 외적인 동기부여에는 분명 한계가 있다.

이러한 내면의 가치에 뿌리를 두고 있는 것이 원칙이다. 원칙은 나침반 역할을 하면서, 자신을 더욱 자신답게 만들고, 행동의 일관성을 유지하게 해준다. 일상의 모든 일을 원칙에 따라 결정하는 개인과 조직은 불확실한 상황에서도 길을 잃지 않고, 에너지도 잃지 않는다. 가치와 원칙은 성공의 열쇠와도 같은 것이다.

연간 1조 원의 매출을 올리고 있는 캐나다 엔터테인먼트 기업 '태양의 서커스'는 영국 런던에서 길거리 공연을 하던 기 랄리베르(Guy Laliberte)가 창립했다. 랄리베르는 길거리에서 춤추고 피리를 불던 악사들을 모아 하나의 스토리를 갖춘 새로운 쇼를 만들어냈다. 단순한 서커스가 아닌 음악·춤·조명 등이 어우러진 종합예술을 만든 것이다. 그래서 이 세상에는 비슷한 것이 없다는 의미로 '태양의 서커스'라는 이름을 붙였고, '한 번 한 공연은 두 번 다시 하지 않는다'는 원칙을 철저하게 지키고 있다.

인터넷 검색 사이트로 유명한 구글에는 '70-20-10'룰이라는 개발 원칙이 있다. 이 원칙에 따라 구글은 역량의 70퍼센트를 핵심 기술을 개발하는 데 쏟아 붓는다. 또한 20퍼센트는 핵심 기술을 보조하는 기술을 개발하는 데 쓰고, 나머지 10퍼센트는 핵심 역량과는 아무런 연관이 없는 창의적인 사업에 투자한다. 이러한 원칙이 조직의 핵심 가치를 더욱 강화하고 일관된 방향으로 나아갈 수 있도록 해준다.

개인이든 조직이든, 소중히 여기는 가치와 원칙을 찾기 위해서는 다음 세 가지를 생각해보는 것이 좋다. 첫째, 되고 싶은 것이다. 어떤 사람이 되고 싶은가? 인생을 마치는 순간 어떤 사람으로 기억되고 싶은지를 생각해보라. 둘째, 하고 싶은 것이다. 어떤 일을 하고 싶은가? 인생을 통해 성취하고 싶은 것을 생각해보라. 셋째, 갖고 싶은 것이다. 무엇을 갖고 싶은가? 인생을 통해 후손들에게 남기고 싶은 유산을 생각해보라.

이외에도, 성공과 실패에서 얻은 교훈을 생각해보는 것도 좋은 방법이다. 혹은 자신이 존경하거나 부러워하는 사람의 특징이 무엇인지, 대인관계에서 갈등을 일으키거나 분노하게 만드는 것이 무엇인지를 살펴보면 자신이 소중히 여기는 가치와 원칙을 쉽게 인식할 수 있다.

자신의 강점을 발견하라

피겨 여왕 김연아 선수의 어머니가 제일 많이 듣는 질문은 "아이의 재능을 어떻게 발견했는가?"라는 질문이라고 한다. 김연아 선수는 일곱 살 때, 피겨스케이팅 비디오를 보면서 선수들의 동작을 열심히 따라 했다. 그 모습을 우연히 본 어머니는 아이의 진지한 표정에 주목했다. 한동안 몰래 지켜보다가 그것이 아이의 재능이 아닐까 생각했고, 다음 날 아이를 스케이트장으로 데려갔다. 그 예상은 적중했다. 어머니의 세심한 관찰이 피겨 여왕을 만드는 계기가 된 것이다.

자신에게 주어진 눈에 띄는 은총인 최대 강점을 찾아내는 것보다 인생에서 중요한 일은 없다. 자신의 강점을 발견하고 그 강점을 더욱 강화하는 것은 자신을 더욱 자기답게 만드는 일이다. 자신이 더욱 자기다워질 때 남에게 기여할 수 있는 존재가 된다. 사람은 유한한 존재이지만 동시에 무한한 가능성을 지닌 원석이다. 이러한 사실을 인식하는 것이 강점을 발견하기 위한 첫걸음이다.

2008 베이징올림픽 금메달리스트인 박태환은 천식을 고치기 위해서 수영을 시작했다. 박태환은 늦둥이로 태어나 몸이 약했고 천식이 있었다. 그래서 수영을 시작해 세계 정상급 선수의 위치에까지 오르게 된 것이다.

배드민턴의 이용대 선수도 살을 빼기 위해서 배드민턴을 시작했다. 초등학교 2학년 때 체중을 줄이기 위해 배드민턴부에 들어 갔다가 부모가 말릴 정도로 배드민턴의 재미에 푹 빠져들었다. 그러다 이용대의 재능을 눈여겨본 지도 교사가 부모를 설득해 계속하게 되었고 마침내 올림픽 금메달리스트가 되었다.

이처럼 사람은 무한한 가능성을 지닌 존재다. 사과 씨 속에서 사과나무를 볼 수 있는 믿음과 신념이 있어야 한다. 만약 자신의 가능성을 스스로 제한하는 잘못된 신념이 있다면 우선 그것부터 버려야 한다.

경쟁력을 갖추기 위해 자신의 강점을 활용하라

『비범성의 발견』이라는 저서에서 평범한 인간들 속에 잠재한 비범성을 고찰한 하버드 대학의 하워드 가드너(Howard Gardner) 교수는 이렇게 말한다. "한 분야에서 탁월한 성취를 이룬 비범한 인물들은 남과 다른 점을 알아차리고 그 점을 활용한다. 그들은 자신의 취약 분야는 무시하고, 대신에 자기가 진출하려는 분야에서 경쟁력을 갖추기 위해 자신의 강점을 어떻게 활용해야 할지를 생각하고 효과적인 답을 찾아 대응한다."

워런 버핏(Warren Buffet)이 커다란 부와 명성을 거머쥘 수 있었던 것도 자신의 특별한 강점을 발휘할 분야를 정확하게 파악해낸 덕분이다. 그는 독특한 특징이 있었는데 그것은 다름 아닌 타고난 느긋한 성품과 실제적 사고방식, 그리고 잘 믿는 성격이다.

자신의 특징을 파악한 버핏은 20년 전망 기법으로 투자했고, 상품과 서비스를 직관적으로 이해할 수 있는 회사에만 투자했으며, 투자한 회사의 최고 경영진을 조심스럽게 관찰하고, 믿을 만하다고 판단되면 일절 간섭을 하지 않았다. 버핏은 자신의 강점을 찾아내 일과 삶에 활용한 대표적인 인물로 평가된다.

자신의 강점을 발견하기 위해서는 자기관찰을 통해 정직하게 자신을 평가하고 인식할 시간이 필요하다. 그리고 주변 사람들의 도움도 필요하다. 부모나 가족, 친구, 직장 동료와 같이 자신을 잘 아는 사람들의 칭찬을 귀담아 들어보는 것이 좋다.

『위대한 나의 발견 강점 혁명』의 저자 마커스 버킹엄(Marcus Buc-kingham)은 강점을 발견하기 위해 다음과 같은 방법을 권장한다.

첫째, 무의식적인 반응을 관찰하라. 재능의 원천을 보여주는 가장 유력한 수단은 자발적인 반응이다. 어떤 상황에 맞닥뜨렸을 때 자신이 맨 처음 나타낸 무의식적인 반응을 보면 자신의 강점을 알 수 있다.

둘째, 동경하는 대상을 파악하라. 어떤 대상을 동경하는 것은 무언가 그 대상에게 끌리는 점이 있기 때문이므로, 재능을 발견하려면 내면의 이런 외침에 관심을 기울여야 한다.

셋째, 학습 속도와 만족감을 측정하라. 학습 속도가 유난히 빠른 분야를 보면 재능을 알 수 있다. 그리고 어떤 활동을 할 때 기분이 좋아진다면 자신의 재능을 사용하고 있을 가능성이 높다.

자신의 역할을 인식하라

『탈무드』에는 다음과 같은 이야기가 나온다.

몸은 하나인데 머리가 둘인 아기가 태어났다. 그래서 이 아이를 하나로 볼 것인지 둘로 볼 것인지를 두고 논란이 벌어졌다. 이를 판단해줄 것을 요청 받은 랍비는 한동안 생각하다가 막대기를 가져오라고 하여 한쪽 머리를 세게 때렸다. 맞은 머리가 "아야!" 하며 울음을 터뜨렸다. 그러나 다른 머리는 히죽히죽 웃었다. 그제야 랍비는 이 아이는 둘이라고 판단을 내렸다.

TV 드라마에서 나온 "아프냐? 나도 아프다"는 대사가 유행어가 된 적이 있다. '우리'라는 세계 안에서 '나'는 홀로 있는 존재가 아니다. 관계 속에서 존재한다. 다른 사람이 아플 때 자기가 아프다면, 그 두 사람은 둘이 아니라 하나다. 몸은 서로 떨어져 있지만 사랑의 띠로 연결된 하나인 것이다. 그 사랑의 띠, 연결 고리가 '우리'라는 사랑으로 맺어진 관계다. 사람은 그 '우리'라는 세계 안에서 살아가는 존재다.

"세상에서 제일 '나쁜 사람'은 '나뿐인 사람'"이라는 말도 있다. 독일의 사상가인 마르틴 부버(Martin Buber)는 "나와 너의 관계"를 이야기하고 '너'라고 부르는 타자와의 만남과 응답을 통해 '나'는 비로소 진정한 자기가 된다"라고 주장했다.

사람은 다른 사람과 관계를 맺으며 특별한 목적을 발견하고 성취해가는 존재다. 그 관계와 목적으로 인해서 다른 사람은 더 이상 '남'이 아니라 '또 다른 나'가 된다. 그렇게 '우리'가 사랑으로 맺어진 관계임을 깨달을 때 비로소 그 안에서 진정한 '나'를 알게 된다. 다시 말하면 조직과 공동체 안에서 '나'를 발견하고, '나'의 존재 의도와 역할을 알게 되는 것이다.

역할을 인식하면 시선은 자연스럽게 외부로 향한다

자신이 맡은 역할을 인식하면 부분이 아니라 전체를 볼 수 있다. 삶을 이해하는 폭도 넓어지고, 삶의 영역을 포괄적으로 바라볼 수 있어서 삶의 균형을 이룰 수 있다. 또한 자기 역할을 생각하면 그냥 생각 없이 사는 것이 아니라 스스로 인생을 감독하고 설계할 수 있다.

CEO 코칭 전문가로 유명한 지니 디츨러(Ditzler Jinny S)는 다음과 같이 조언한다.

"자신의 역할과 가치를 제대로 생각하고 정확히 인식하기만 해도 사고방식에 큰 변화를 줄 수 있다. 오직 올바른 인식만이 자신을 인생의 운전석에 앉게 해준다."

맡은 역할을 정확히 인식하고 인생을 바라보면 시선은 자연스럽게 외부로 향하게 된다. 자신의 역할에 집중하면 남을 비판하는 마음이나 의심, 두려움은 자연스럽게 떨쳐버릴 수 있다. 상대의 부족한 점과 약점은 곧 자신이 존재하는 이유임을 인식하기 때문이다.

그런데 자신의 역할 중에서 가장 중요한 것은 자신을 돌보는 일이다. 자신을 돌보는 일이란 자신만 돌보는 것을 의미하지는 않는다. 손이 둘인 까닭은 한 손으로는 스스로를 돌보고 다른 한 손으로는 다른 사람을 돌보아야 하기 때문이다.

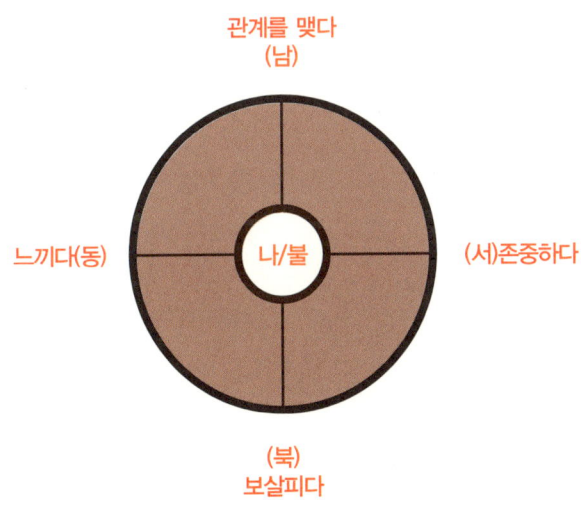

〈크리 문화의 치유의 바퀴〉

임상심리학자인 스티븐 스타인(Steven Stein) 박사는 캐나다 북부 지역 원주민인 크리족의 원시문화에서 시작된 치유의 바퀴가 감성지능의 현대적 개념과 맥을 같이하는 것이라 소개했다. 치유의 바퀴는 '나'를 중심으로 보살피는 것, 느끼는 것, 관계를 맺는 것, 존중하는 것, 이 네 가지가 주변에서 순환하는 그림이다. 중심에 '나'와 '불'을 넣음으로써 자기를 돌보는 일이 가장 중요하다는 점을 강조한다.

자기를 돌볼 힘이 없는 사람은 남도 돌보지 못한다. 자신을 돌보는 것이 사회적 책임을 다하는 시작이다. 더 나아가 남을 돌보는 것이 곧 자신을 돌보는 일이다.

자신의 역할을 정확하게 인식하는 구체적인 방법은 다음과 같다. 첫째, 자신의 역할을 모두 정리해보라. 직장, 가정, 사회, 즉 삶의 모든 영역에서 자신이 맡은 역할을 한눈에 볼 수 있도록 방사형 그래프로 정리해보고, 만족하는 정도를 점수로 평가해보라.

둘째, 포기할 것과 새롭게 할 것을 생각해보라. 그중에서 짐을 가볍게 하기 위해 포기해야 할 역할은 무엇이고 새롭게 맡고 싶은 역할은 무엇인지 정리해보라.

셋째, 핵심 역할의 모델을 결정하라. 자신이 가장 집중해야 할 핵심 역할은 무엇인가? 그 역할의 모델은 누구인가? 자신이 닮고자 하는 대상이 누구인지를 생각해보고 역할 모델로 설정하라.

See The Unseen

주변을
살펴보라

사람들은 사랑으로 살고 있다. 그러나 자기를 사랑하는 것은 죽음의 시초이며, 신과 만인을 사랑하는 것은 삶의 시초다. **–톨스토이**

자신의 존재 목적을 인식하라

자기 주변 사람들에게 관심을 기울이고 그들을 알아가는 것은 매우 중요한 일이다. 사람은 홀로 살아가는 존재가 아니라 관계 속에서 존재하며, 그들과 더불어 살아가는 존재이기 때문이다. 자신의 존재 목적은 그 속에서 발견할 수 있다.

모든 사람에게는 무언가를 바라는 건강한 욕구가 있다. 그런데 그 욕구 중에서 가장 가치 있고 성숙한 욕구는 '기여하기'를 바라는 욕구다. 사람들은 이것을 '사랑'이라 표현한다. 사람은 사랑할 때 가장 큰 행복을 누린다. 이 사랑이 모든 사람의 공통적이고도 궁극적인 존재 목적이다. 다만, 각각의 사람에게 '누구를 어떻게 사랑할 것인가?' 하는 과제만 남는다.

이나모리 가즈오(稻盛和夫) 교세라 창업자 겸 명예회장은 민영 통신 업체인 KDDI를 설립하면서 매일 밤 스스로에게 이렇게 물었다고 한다. "네가 전기통신 사업에 뛰어들고자 하는 것은 정말로 국민을 위해서인가? 회사나 자신의 이익을 꾀하고자 하는 사심이 섞여 있지는 않은가? 아니면 혹시 과시하려는 마음 때문은 아닌가? 정녕 그 동기에 한 점 부끄러움이 없는가?" 그는 6개월간의 고민 끝에 사심이 개입되지 않았다는 확신을 얻고서야 KDDI 설립에 나섰다고 한다.

인간의 가치는 그가 무엇을 받을 수 있느냐가 아니라 무엇을 줄 수 있느냐로 판단할 수 있다. 사람이 그 사회에서 얼마나 가치 있는지는 그 사람의 감정과 사고와 행동이 타인에게 어느 정도 도움이 되는지에 달려 있다.

사람은 언제나 무언가를 줄 수 있는 존재고, 기여하는 존재다. 물질적인 것 외에도 줄 수 있는 것은 많다. 함께해주고, 들어주고,

웃어주고, 믿어주고, 격려해주고, 위로해주고, 칭찬해주고, ……
자신의 강점과 재능을 나누어 줄 수 있다. 아무 능력이 없는 갓 태
어난 아이조차도 부모에게 기쁨을 준다.

그런데 기여하지 못하고 받으려고만 할 때 관계는 깨지고 고립
된다. 자신의 궁극적인 존재 목적을 상실하고 수단이 목적으로 변
질될 때 인생의 비극이 시작된다.

존재 목적을 위해 쓰일 때 진정한 기쁨을 느낀다

위대한 조각가 미켈란젤로에게는 '보톨도 조반니'라는 스승이 있었
다. 미켈란젤로는 열네 살에 조반니의 문하생이 되기 위해 그를 찾
아갔다. 조반니는 미켈란젤로에게 놀라운 재능이 있음을 알아채고
는 이렇게 물었다.

"너는 훌륭한 조각가가 되려면 무엇이 필요하다고 생각하느냐?"

미켈란젤로가 대답했다.

"제가 가지고 있는 재능과 기술을 더 닦아야 한다고 생각합니다."

조반니가 다시 말했다.

"아니다. 그보다 너는 네 기술을 무엇을 위해 쓸 것인지부터 먼저 명
확하게 결정해야 한다."

조반니는 미켈란젤로를 데리고 나가서 두 곳을 구경시켜주었다.

처음 간 곳은 술집이었다. 문 앞에 세워진 조각상을 보며 미켈란젤로가 말했다.

"스승님, 술집 문 앞에 아름다운 조각이 있어요."

그러나 조반니는 고개를 저으며 말했다.

"이 조각은 아름답지만, 조각가는 결국 술집을 위해서 이 조각을 사용한 셈이다."

스승은 다시 어린 미켈란젤로의 손을 잡고서, 아주 커다란 성당으로 가서 아름다운 조각상을 보여주었다. 그러곤 말했다.

"너는 이 아름다운 천사 조각상이 마음에 드느냐, 아니면 저 술집 문 앞에 있는 조각상이 마음에 드느냐? 똑같은 조각상이지만, 하나는 하나님의 영광을 위해서, 또 하나는 술 마시는 쾌락을 위해서 세워졌다. 너는 네 기술과 재능이 무엇을 위해 쓰이길 바라느냐?"

성공하는 리더는 자신의 존재 목적을 분명하게 인식하고 있다. '나는 누구인지' 혹은 '우리는 누구인지'를 명확히 인식하고, 그것을 바탕으로 '누구를 위해 무엇을 하겠다'는 분명한 비전과 사명을 제시한다. 그것이 자신과 자신이 이끄는 조직, 그리고 그 조직이 섬기는 공동체의 삶을 결정한다는 것을 알기 때문이다. 자신의 비전과 사명을 발견하고, 행동으로 실천하는 삶이야말로 진정 행복하고 성공적인 삶이다.

영화감독 스티븐 스필버그(Steven Spielberg)는 "나는 이 지구상의 이야기꾼이다. 나는 사람들의 성장을 도와줄 수 있는 이야기를 할 것"이라고 자신의 존재 목적을 표현했다. 또한 CNN 창업자인 테드 터너(Ted Turner)는 "나는 평화를 가져다주는 사람이다. 나는 평화를 이루기 위해 사람들 사이에 다리를 놓는다"라고 말했다.

행복하고 성공하는 삶을 위해서는 다음과 같은 것들을 분명히 인식해야 한다. 첫째, 자신이 '기여하는 존재'라는 사실이다. 자신이 '기여하는 존재'임을 자각해야 한다. 존재함으로 기여하고 있고, 사랑함으로 기여하고 있다. 지금 이 순간에도 기여하고 있고, 앞으로도 더 크게 기여할 수 있다. 이 같은 사실을 인식하고 자존감과 자신감을 가져야 한다.

둘째는 자기 정체성이다. 자기 정체성과 자신이 소중히 여기는 가치와 행동 원칙을 인식함으로써 자신을 더욱 자기답게 가꾸어가야 한다.

셋째는 자신의 존재 목적이다. '누구를 위해 무엇을 하겠다'는 분명한 비전과 사명을 인식해야 한다. 그리고 어떻게 하면 그러한 사명을 지속적으로 달성할 수 있을지, 어떻게 하면 그 영향력을 더 크게 확대할 수 있을지 구체적인 목표와 전략을 찾아내 발전시켜야 한다.

함께 상생할 길을 찾아내라

옛날 우리 조상들은 농사를 지을 때 콩을 세 알씩 심었다. 하나는 땅속의 벌레 몫이고, 하나는 새의 몫이고, 나머지 하나가 사람 몫이라고 생각했기 때문이다. 벌레와 새와 사람을 자연 속에서 함께 공존하며 살아야 할 동반자로 본 조상들의 공동체 의식은 사람 중심의 공동체 의식보다 그 범위가 훨씬 넓었다.

큰사람이란 공동체 의식이 큰 사람이다. 많은 사람의 아픔을 짊어지고 가는 사람이 큰사람이다. 상대의 아픔을 나의 아픔으로 느낄 때 상대의 기쁨이 나의 기쁨이 된다. 그런 사람이야말로 강요된 희생이 아니라 자발적 희생으로, 불편한 헌신이 아니라 즐거운 헌신으로 사랑의 공동체를 이루어간다.

사랑으로 맺어진 공동체 안에서는 '나는 곧 당신'이기 때문에 '나'보다 '우리'를 먼저 생각하게 된다. 하나의 인격체와 같이 생각과 감정, 의지를 서로 공유하고 협력하는 완벽한 협동 관계를 이룬다. 그러므로 조직의 모든 구성원은 자신의 가치와 원칙을 소중히 여기는 만큼 조직이 추구하는 가치와 원칙도 소중히 여겨야 한다. 그리고 함께 상생할 길을 모색해야 한다.

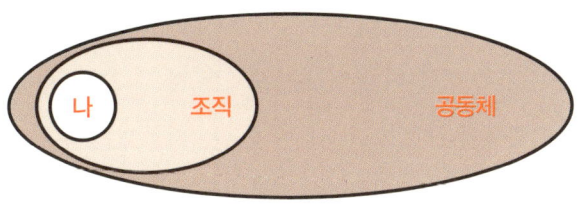

〈나, 조직, 공동체의 관계〉

고객에게 집중하면 상생의 길이 보인다

중국 전국시대 조나라의 명장인 염파는 공을 많이 세운 백전노장이었다. 그는 미천한 출신인 인상여가 자기보다 높은 지위에 있는 것이 큰 불만이었다.

"나는 병사들을 거느리고 몸소 위험을 무릅쓰며 성을 빼앗고 땅을 탈취하는 큰 공을 세웠다. 그러나 인상여는 한갓 혀를 놀린 수고밖에 없는데도 나보다 위에 오르게 되었다. 더구나 인상여는 출신이 비천하다. 내가 이런 사람 아래에 있는 것은 굴욕적인 일이다. 내가 인상여를 만나기만 하면 단단히 모욕을 줄 것이다."

인상여는 이 말을 전해 듣고 염파와 마주치기를 피했다. 인상여는 외출을 하다가 염파의 행차와 마주치면 급히 뒷골목으로 몸을 피하곤 했다. 이런 일이 되풀이되자 인상여를 모시는 무리들이 화가 나서 인상여에게 따져 물었다.

"저희들이 가족 곁을 떠나 대감을 모시는 것은 대감의 높은 의기를 흠모하기 때문입니다. 그런데 대감께서는 지위가 높은데도 염 장군을 피하려고만 하시니 저희마저 모욕감을 느껴 대감께 하직을 고하고 싶은 심정입니다."

인상여는 껄껄 웃으며 타일렀다.

"이 사람들, 왜 그리 소견이 좁은가? 자네들에게 한 가지 묻겠네. 염 장군과 진나라 왕 중에서 누가 더 무서운가? 진나라 왕이 아니겠는가! 나는 막강한 힘과 절대 권력을 휘두르는 진나라 왕을 그 신하들 앞에서 꾸짖었다. 그런 내가 염 장군이 두려워서 피하겠는가? 지금 진나라가 우리 조나라를 침략하지 못하는 까닭은 나와 염 장군이 있기 때문이다. 두 범이 싸우면 결국 모두 쓰러지거나 하나가 죽어야만 할 것이다. 내가 굳이 염 장군을 피하는 것은 나라의 위급을 먼저 생각하고, 사사로운 명예는 뒤로 미루기 때문이다."

이 말을 전해 들은 염파는 인상여를 찾아가 사죄했고, 두 사람은 변치 않는 우정을 맺었다.

국가든 기업이든, 조직 구성원들의 존재 목적은 고객이다. 고객에게 집중하는 것이 존재 목적에 충실한 것이다. 고객에게 집중하면 상생의 길이 보인다. 최고경영자의 관점은 고객에게 집중할 때 저절로 생긴다. 조직 구성원들이 고객에게 집중하면 조직을 하나로 융합시킬 수 있고, 그러한 융합을 바탕으로 더 강력한 시너지 효과를 낼 수 있다.

그러므로 개인과 조직, 공동체가 더불어 상생할 길을 찾아내기 위해서는 첫째, 고객에게 집중해야 한다. 자신과 조직의 존재 목적을 명확히 인식하고, 자신의 내부 고객은 누구이며, 궁극적으로 기여하고자 하는 고객은 누구인지 분명하게 인식해야 한다. 최고 경영자의 관점에서 자신과 조직을 바라보고 고객에게 집중해야 한다.

둘째, 파트너 의식을 회복해야 한다. 조직 내 갈등은 가치의 충돌에서 비롯되고, 조직의 분열은 협력 대상을 경쟁 대상으로 착각할 때 발생한다. 파트너 의식을 회복하고, 상대가 소중히 여기는 가치와 상대의 관점, 자신과 상대의 차이점을 존중하라. 그리고 그것을 시너지 효과를 가져다줄 재료로 삼아라. 자신은 누구에게 무엇을 의존하고 있으며, 누구와 어떻게 협력해야 하는지, 자신이 책임져야 하는 것은 무엇인지를 먼저 분명하게 인식해야 한다.

셋째, 시너지 효과를 극대화해야 한다. 사랑받는 비결은 먼저 사랑하고, 더 사랑하는 것이다. 개인과 조직이 고객과 상생할 길은 고객이 원하는 것보다 더 큰 가치를 주는 것이다. 더 큰 가치를 만들어내기 위해서는 조직 구성원들이 창의적으로 협력하여 시너지 효과를 극대화해야 한다.

공동체의 미래 모습을 바라보라

미국 역사상 가장 위대한 자유 시위로 기록된 워싱턴 평화행진의 날, 에이브러햄 링컨이 노예해방 선언서에 서명한 지 100년의 세월이 흘렀지만 흑인들은 아직 자유를 누리지 못하고 있던 때, 마틴 루서 킹(Martin Luther King) 목사는 그 유명한 〈나에게는 꿈이 있습니다〉를 연설했다.

"나에게는 꿈이 있습니다. 조지아 주의 붉은 언덕에서 노예의 후손들과 노예 주인의 후손들이 형제처럼 손을 맞잡고 나란히 앉게 되는 꿈입니다. 나에게는 꿈이 있습니다. 이글거리는 불의와 억압이 존재하는 미시시피 주가 자유와 정의의 오아시스가 되는 꿈입니다. 나에게는 꿈이 있습니다. 내 아이들이 피부색을 기준으로 사람을 평가하지 않고 인격을 기준으로 사람을 평가하는 나라에서 살게 되는 꿈입니다."

그로부터 5년 뒤, 킹 목사는 〈나는 산꼭대기에 올라가 보았다〉는 마지막 연설을 한 다음 날 저격당해 40살의 나이로 죽었다. 마지막 연설에서 킹 목사는 죽음을 예감한 듯 말했다. 자신을 '정의를 알리는 군악대장, 평화를 알리는 군악대장, 평등을 알리는 군악대장'으로 불러달라고 했다. 누군가를 도울 수 있다면, 노래나 말로 누군가의 용기를 북돋을 수 있다면, 누군가에게 옳지 않은 길을 가고 있다고 말해줄 수 있다면, 자신의 삶은 헛되지 않은 것이라고 했다.

이스라엘 민족이 이집트에서 탈출하여 40년 광야 생활을 끝내고 약속의 땅 가나안에 들어가기 직전, 하나님은 이스라엘 민족을 이끌던 모세를 불러 "너는 가나안 땅에 들어가지 못한다"고 선언한다. 그러나 모세에게 한 가지 은혜를 베풀어주셨는데, 그가 죽기 전에 산꼭대기에 올라가서 꿈에 그리던 가나안 땅을 볼 수 있도록 한 것이다.

모세의 사명은 이스라엘 민족을 독립시켜 자유를 주고 법을 만들어 주권을 세워주는 것까지였다. 가나안 땅이라는 영토를 되찾는 사명은 모세의 후계자였던 여호수아에게 맡긴 것이다.

킹 목사의 마지막 연설은 이러한 모세를 연상케 한다. 본인의 죽음을 보는 동시에 그 너머에 있는 흑백 차별이 없는 미래 사회를 보고 있었던 것이다.

사람은 비전을 만들고, 비전은 사람을 만든다

미국 대통령 버락 오바마는 2005년 『타임』 지에 실린 「링컨의 눈 속에서 내가 보는 것」이란 기사에서 "케냐 출신 아버지와 캔자스 출신 어머니를 둔 우스꽝스러운 이름의 하와이 출신 흑인이 상원의원에 당선될 것이라고 상상하기도 어려웠겠지만, 켄터키 숲 속에서 태어난 정규교육이라곤 1년도 채 못 받은 소년이 일리노이가 낳은 가장 위대한 시민이자 미국 역사상 가장 위대한 대통령이 될 것이라고는 상상이나 할 수 있었겠느냐. 가난과 실패를 딛고 일어선 링컨의 생애를 읽으며 나 자신의 투쟁뿐 아니라 더 큰 꿈을 위해 노력해야 한다는 미국적인 가치를 떠올렸다"라고 했다.

이혼 가정에서 불행하게 자라난 혼혈아 오바마. 다양한 인종의 형제자매들과 함께 혼란스러운 청소년기를 보내고, 자신의 정체성과 뿌리를 찾는 과정에서 돌아가신 아버지의 꿈을 발견했다. 그는 링컨 대통령을 자신의 역할 모델을 삼았고, 2008년 대선에서 당당하게 제44대 미국 대통령으로 당선되었다.

평범했던 오바마를 미국의 첫 흑인 대통령으로 만든 것은 그의 비전이다. 오바마를 선출한 것은 미국 국민들이지만, 그를 대통령으로 만든 것은 새로운 미국을 만들겠다는 그의 비전이다.

성공하는 리더가 되기 위해서는 분명한 비전이 있어야 한다. 분명한 비전을 설정하고 이를 이루기 위해서는 첫째, 미래의 바람직한 모습을 설정해야 한다. 눈을 감고서 미래의 시간 속으로 상상의 여행을 떠나라. 자신이 간절하게 원하는 자신의 미래 모습은 어떠한지, 어디서 누구와 무엇을 하고 있는지 생각해보라.

둘째, 현재 상황을 분석해야 한다. 현실과 미래의 차이가 무엇이며, 어느 정도인지를 파악하라. 공동체 속에서 생활하는 개인의 꿈은 공동체 비전과 서로 깊이 연관되어 있다. 다만, 개인의 꿈은 개인이 주도적으로 컨트롤할 수 있지만, 공동체 비전은 세대를 거쳐 이루어지는 것일 수도 있다.

셋째, 변화와 성장을 계획하고 추진해야 한다. 비전과 현실의 차이를 좁혀가는 변화와 성장을 계획하고 추진하라. 미래의 비전을 실현하기 위해서 자신이 가장 먼저 할 일이 무엇인지 생각해보고 그것부터 하나하나 실천해가야 한다.

월드컵 축구 선수들은 축구공 하나로 전 세계인에게 기쁨과 감동을 선사한다. 이처럼 한 개인이 행동으로 옮길 수 있는 것은 아주 작지만 그 작은 몸짓이 원대한 꿈과 비전을 바라보고 있다면 그 영향력은 상상할 수 없을 정도로 커진다. 자신의 재능과 강점으로 무엇을 할 것인지를 결정하라. 필요하다면 비전을 위해서 팀을 이루고 조직을 구성하여 서로 협력하는 꿈을 꾸어야 한다. 언제, 어디서, 누구와 함께 할 것인지를 명확히 하라.

눈먼 한 사람이 만인의 눈을 뜨게 만든다

TV 드라마 〈대왕 세종〉에는 세종대왕이 당뇨와 안질에 시달리면서도 목숨을 걸고 『훈민정음』 창제에 헌신하는 장면이 나온다. 이러한 세종대왕의 모습을 보고 중국 명나라 사신 왕진은 "눈먼 한 사람이 만인의 눈을 뜨게 만들었다"라고 하여 잔잔한 감동을 주었다.

"우리나라의 말이 중국 말과 달라서, 한자와는 서로 통하지 아니하므로, 이런 까닭에 어리석은 백성들이 말하고 싶은 것이 있어도, 그 뜻을 담아서 나타내지 못하는 사람이 많으니라. 내가 이것을 딱하게 여겨 새로 스물여덟 글자를 만들어 내놓으니, 모든 사람으로 하여금 쉽게 깨우쳐 날로 씀에 편하게 하고자 할 따름이니라."

『훈민정음』 서문을 보면 한글 창제가 백성을 사랑하는 세종대왕의 어진 마음에서 비롯되었음을 알 수 있다. 즉 한글 창제라는 과업의 밑바탕에는 "모든 사람으로 하여금 쉽게 깨우쳐 날로 씀에 편하게 하고자 할 따름"이라는 분명한 목적이 있었다. 그 목적은 곧 백성에 대한 사랑이다. 새로운 가치를 창출함으로써 '사람을 사랑하는 것'은 모든 사람에게 공통적으로 부여된 삶의 목적이다. 다만 새로운 가치를 창출하는 길과 방식이 다를 뿐이다.

정말로 무언가를 원한다면 길을 발견할 것이다

영국 빅토리아시대 번영기를 이끈 정치가 벤저민 디즈레일리(Benjamin Disraeli)는 이런 말을 남겼다. "오랜 숙고 끝에 나는 확고한 목적을 가진 사람은 그것을 성취할 수밖에 없고 인생을 걸고 목적을 실현하려는 강한 의지는 그 무엇도 막을 수 없다는 확신에 도달하게 되었다. 당신이 정말로 무언가를 원한다면 당신은 길을 발견할 것이다. 당신이 원하는 것이 아무것도 없다면 당신은 변명을 발견할 것이다."

비전과 사명이 확실한 사람은 자신이 가야 할 길을 알고 있는 사람이다. 미래의 관점에서 오늘을 보는 사람이다. 세종대왕이 자신의 사명으로 인식한 것은 한글 창제였다. 당시에는 모두가 반대하는 위험한 길이었지만, 조선의 미래 비전을 본 그에게는 결코 포기할 수 없는 길이었다. "말하고 싶은 것이 있어도, 그 뜻을 담아서 나타내지 못하는 사람이 많다"는 문제의식과 "내가 이것을 딱하게 여겨"라는 사회적 책임감에서 출발한 사랑의 길이었던 것이다.

한 사람이 매우 큰 영향을 미칠 수 있다. 미국 하와이 대학교의 리처드 데이 교수는 "인류 역사상 모든 황금기는 어떤 한 사람의 헌신과 의로운 열정을 따라 일어났다. 대중운동이란 것은 없었다. 단지 그렇게 보였을 뿐이다. 거기에는 항상 그의 하나님을 알고 자기가 어디로 가는지를 아는 한 사람이 존재했을 뿐이다"라고 말했다.

사랑은 자신이 책임지는 혹은 책임지고자 하는 사람들과 자신을 동일시하는 것이다. 그들의 아픔을 곧 자신의 아픔으로, 그들의 기쁨을 곧 자신의 기쁨으로 자각하고 책임지는 행위가 사랑이다. 그 사랑은 자신이 줄 수 있는 것과 다른 사람의 필요가 만나는 접점에서 샘솟는다. 자신의 강점과 탁월함이 빛을 발하는 곳에서 새로운 가치가 창출된다. 비전은 그렇게 주변에 깊은 관심을 쏟는 사람의 마음속에서 발견할 수 있는 것이다. 그 비전을 자각할 때 동기부여가 되고, 스스로 선택할 수 있을 때 책임감도 느끼게 되는 것이다.

그렇다면 비전을 실현하기 위해서는 어떡해야 할까? 첫째, 고객의 문제를 파악해야 한다. 지금 당신의 고객이 안고 있는 문제는 무엇인가? 고객을 힘들게 하고 어렵게 하는 것이 무엇인지를 파악하라. 현상보다는 그 문제를 일으킨 근본 원인이 무엇인지를 파악해내야 한다.

둘째, 새로운 해결책을 찾아야 한다. 그 문제를 근본적으로 해결할 방법은 무엇인가? 고객의 문제를 해결할 새로운 방법, 새로운 가치가 무엇인지 찾아내야 한다. 무엇을 만들어내면 되는지 과업을 이루기 위해 필요한 성과물을 결정하라.

셋째, 프로젝트로 구성하고 추진해야 한다. 최종 성과물을 만들어내기 위해서는 언제까지 무엇을 어떻게 해야 하는지 구체적인 계획을 묶어서 하나의 프로젝트로 구성할 필요가 있다. 이미 가지고 있는 자원은 무엇이고, 필요한 자원은 무엇인지를 파악하라. 그리고 그 자원을 토대로 어떻게 하면 원하는 성과를 만들어낼 수 있을지 전략을 세우고 그것을 바탕으로 상세한 계획을 수립하여 추진하라.

고객의 필요와 요구를 파악하라

고속버스 기사가 안내 방송을 했다.

"잠시 후 이 차는 목적지인 부산에 도착합니다."

기사의 안내 방송을 들은 승객들은 모두 자리에서 일어나 한바탕 소동을 벌였다.

"광주로 갈 차가 왜 부산으로 온 거요? 도대체 어찌된 일입니까?"

당황한 운전사가 차에서 내려 앞에 붙은 행선지를 보고 말했다.

"내가 차를 잘못 탔네!"

고객을 '안전하게' 모신 이 운전사, 그가 고객을 '행복하게' 모시지 못한 이유는 행선지를 보지 못했기 때문이다. 고속버스 기사는 자기가 원하는 곳으로 가는 사람이 아니다. 고객이 원하는 곳으로 가야 한다. 운전대는 기사 손에 있지만, 행선지는 고객이 결정한다.

잭 웰치(Jack Welch) 제너럴일렉트릭 전임 회장은 "세계에서 가장 존경 받는 경영자로 선정된 리더십 비결이 무엇인가?"라는 질문에 이렇게 답했다. "딱 한 가지입니다. 나는 내가 어디로 가는지 알고 있고, 제너럴일렉트릭의 전 구성원은 내가 어디로 가는지를 알고 있습니다."

중요한 것은 일정표가 아니라 이정표다. 방향을 설정하는 것은 구체적인 일정을 짜는 것보다 훨씬 중요하다. "바른 길에서 절뚝

거리는 것이 잘못된 길에서 달리는 것보다 낫다"는 말처럼, 중요한 것은 속도가 아니라 방향이다. 가장 빠르고 안전한 길은 평탄한 길이 아니라 목적지를 향해 가는 길이다.

방향은 고객이 결정한다

미국 애플 사는 매장에 전문 조사요원을 상주시켜 고객 불만을 조용히 듣고 메모하는 것으로 유명하다. 애플 사는 여기에서 접수한 고객 불만들을 모아 이듬해 신제품에 반영한다. 결국 애플의 히트 상품은 연구실에서 만들어지는 것이 아니라, 고객이 만들어내는 것이다.

경영에서 방향을 결정하는 것은 한 사람의 최고경영자가 아니라 고객이다. 기업을 위해 고객이 존재하는 것이 아니라, 고객을 위해 기업이 존재하기 때문이다. 노벨경제학상 수상자인 폴 새뮤얼슨(Paul Samuelson)은 "소비자는 투표자다. 유권자가 좋아하는 후보에게 한 표를 주듯이, 소비자는 자기가 좋아하는 상품에 돈을 쓴다"라고 했다.

단순히 고객에게 돈을 받고 상품이나 서비스를 판다고 생각해서는 안 된다. 고객이 진정으로 원하는 가치를 제공하겠다는 마음가짐이 있어야 한다. 따라서 고객의 필요(need)와 요구(want)를 파악하는 것이 무엇보다 중요하다. 그것을 바탕으로 고객에게 최대의 만족과 감동을 주는 것이 마케팅의 원리요, 핵심 경쟁력이다.

'경영의 신'이라 불리는 마쓰시타 고노스케(松下幸之助)는 우연히 한 걸인이 공중 수도에 입을 대고 벌컥벌컥 물을 마시는 모습을 보고 무릎을 쳤다. 인간에게 절대적으로 필요한 공기나 물처럼 소비자들에게 만족을 주는 사업을 하겠다는 마음을 먹은 것이다. 그 후 그는 어느 업종이든 고객에게 최고 상품으로 최대 만족을 주기 전까지는 절대 다른 사업에 손을 대지 않았다.

"토끼를 잡으려면 귀를 잡고, 고양이를 잡으려면 목덜미를 잡고, 사람을 잡으려면 마음을 잡아라"라는 말이 있다. 고객의 마음을 사로잡는 비결을 한마디로 말하면 '이청득심(以聽得心)'이다. 귀 기울여 들으면 사람의 마음을 얻을 수 있다는 뜻이다. 고객의 마음을 얻기 위해서는 먼저 고객의 소리를 경청하고, 고객의 필요와 요구를 파악해야 한다.

고객의 소리를 잘 들으려면 무엇보다 경청하는 기술이 필요하다. "말을 배우는 데는 2년이 걸리지만 침묵을 배우는 데는 60년이 걸린다"는 말이 있듯이, 경청은 말을 하는 것보다 훨씬 어렵다. 경청을 잘하기 위해서는 다음 세 가지를 명심해야 한다.

첫째, 말하는 그대로 들어야 한다. 고객이 말할 때는 자신의 생각이나 고정관념으로 판단하지 말고, 고객이 말하는 그대로 들어야 한다.

둘째, 감정을 느껴야 한다. 고객의 이야기를 들으면서 고객의 감정이 현재 어떤 상태인지를 잘 감지하며 들어야 한다.

셋째, 의도를 파악해야 한다. 고객이 진짜 원하는 것이 무엇인지, 진짜 전달하고자 하는 내용이 무엇인지를 파악하며 들어야 한다.

세상의 변화를 관찰하라

변화의 불씨란 원래 처음엔 미약하다. 그래서 앞장서서 변화를 부르짖는 사람은 조롱을 당하기도 한다. 그러나 그 불씨가 불꽃이 되어 타오르고 거센 불길이 되면 걷잡을 수 없게 된다. 컴퓨터와 인터넷이 몰고 온 변화가 그것을 여실히 증명해준다. 세상은 지금 이 순간에도 변화하고 있다. 그 변화 속도는 더욱 빨라지고 있으며, 변화 양상도 점점 복잡해지고 있다.

LG 경제연구원은 2010년대에 세상의 변화를 이끌어낼 다섯 가지 핵심 요인으로 중국, 자본주의 2.0, 이산화탄소(CO_2), 고령화, 초연결(Hyper-connection)을 제시했다. 하지만 그 외에도 주목해야 하는 변화 요인은 수없이 많다. 이렇게 하루가 다르게 변하는 세상에서는 변화를 관찰하며 적극적으로 대응하고, 새로운 변화를 주도해가지 않으면 살아남기 힘들다. 전 노벨 최고경영자인 레이 노다(Ray Noorda)는 "변화를 야기하면 리더가 되고, 변화를 받아들이면 생존자가 되지만, 변화를 거부하면 죽음을 맞이하게 될 뿐"이라고 했다.

경영에서 상품과 서비스의 품질을 최적화하고 가격을 낮추는 것은 이제 기본이 되었다. 어느 기업도 안정적으로 1등을 유지할 수 없는 오늘날의 경쟁 환경에서는 남들이 생각하지 못한 창조적인 가치를 누가 더 일찍 선보이느냐가 상당히 중요하다. 기업의 성패는 변화하는 시장 흐름과 소비자의 마음을 얼마나 정확하게 꿰뚫어 보고 얼마나 빠르게 대응하느냐에 달려 있다.

불황을 탓할 필요는 없다. 마쓰시타는 "호황은 좋지만, 불황은 더 좋다"라고 했다. 불황은 새로운 기회다. "동쪽이 어두울 때면 서쪽에 서광이 비친다"는 말처럼, 시장은 언제나 새로운 기회를 제공한다. 중요한 것은 그 기회를 포착해내는 눈이다.

종국에 살아남는 것은 변화에 가장 잘 대응하는 종이다

미국 화학섬유 업계의 거인 듀폰은 2004년 섬유 부문을 매각하고 대신 종자 회사인 파이오니아를 사들였다. 21세기에는 식량산업이 새로운 성장 동력이 될 것이라는 판단에서다. 1802년 화약 기업으로 출발하여 나일론 개발로 화학섬유 혁명을 불러오며 일약 세계적인 기업으로 성장한 듀폰은 섬유 사업을 매각하고 1998년부터 7년간 600억 달러 규모의 인수합병(M&A)을 단행하며 사업구조를 완전히 바꿨다. 화학섬유 기업의 이미지는 더 이상 남아 있지 않다. 생명공학, 산업소재, 전자정보통신 등을 중심으로 한 '종합 과학기업'이 듀폰이 겨냥한 목표다. 채드 홀리데이(Chad Holliday) 듀폰 회장은 이러한 듀폰의 변화를 이렇게 설명한다.

"성장이 있는 곳으로 간다는 게 듀폰의 신조다. 향후 100년간 가장 유망한 시장을 찾아 변신하고 있다."

이것이 3세기에 걸쳐 세계 최고의 기업으로 생명력을 이어가고 있는 듀폰의 생존 비결이다.

『주역』의 계사(繫辭)에는 "궁하면 변하고, 변하면 통한다. 그리고 통하면 오래간다(窮則變 變則通 通則久)"는 말이 있다. 무릇 개인이든 기업이든 어느 정도 성장해서 정점에 이르면 곤궁해지게 마련이다. 그때가 변화해야 할 시점이다. 이때 변화를 시도해 자리를 잡으면 유리한 상황을 이어갈 수 있다.

경계해야 할 것은 경직성이다. 때로는 성공한 경험이 이러한 경직성을 더 강화시키기도 한다. 경영학자 피터 드러커(Peter Drucker)는 "성공 법칙은 반드시 배반한다"라고 했다. 과거의 성공 법칙을 고수하다가 변화의 계기를 놓치지 않도록 주의해야 한다는 말이다.

"결국 살아남는 종은 강인한 종도 아니고, 지적 능력이 뛰어난 종도 아니다. 종국에 살아남는 것은 변화에 가장 잘 대응하는 종이다"는 생물학자 찰스 다윈의 명언도 같은 맥락에서 이해할 수 있다.

세상의 변화를 관찰하고, 그 변화에 최적으로 대응하려면 어떻게 해야 할까? 첫째, 변화에 저항하지 말아야 한다. 지금 당신 주변에서 벌어지는 주목할 만한 변화에 관심을 기울여야 한다. 핌코의 모하메드 엘 에리언(Mohamed El-Erian) 사장은 "시장엔 늘 의미

있는 신호들이 넘쳐난다"라고 했다. 세상의 변화를 통제할 힘은 없을지라도 그것에 반응하고 대응할 능력은 기를 수 있다. 세상의 변화에 저항하지 말고, 변화의 파도 위에 올라타라.

둘째, 대응책을 찾아야 한다. 그 변화가 당신에게는 어떤 영향을 미칠 것으로 생각되는가? 세상의 변화가 자기 일에 어떤 영향을 미칠 것인지, 그것을 어떤 좋은 결과로 연결할 수 있을지 창의적 상상력을 발휘해 해결책을 찾아라.

셋째, 변화를 주도적으로 이끌어야 한다. 세상의 변화에 수동적으로 대응만 할 것이 아니라, 한 걸음 더 나아가 새로운 변화를 이끌며, 자신에게 유리한 상황을 주도적으로 만들어가야 한다.

고객의 신뢰부터 쌓아라

대인관계에서 가장 중요한 것은 신뢰다. 신뢰가 없는 관계는 끊어진 다리와 같다. 전미 강연자 협회를 설립한 캐빗 로버츠(Cavett Roberts)는 "사람들이 나를 이해한다면 나는 그들의 관심을 이끌어낼 수 있다. 사람들이 나를 신뢰한다면 나는 그들의 행동을 이끌어낼 수 있다"라고 했다. 사람은 신뢰할 때 움직인다. 무엇을 하든 다양한 계층의 수많은 사람들과 신뢰를 형성하고 유지하는 능력을 갖추면 원하는 바를 성취할 수 있다. 그래서 신뢰를 쌓는 것은 이 세상에서 가장 중요한 기술이다.

정치에 대해 자공이 묻자 공자는 대답했다.
"식량이 풍족하고 군사력이 든든하고 백성이 나라를 믿게 해야 한다."
"부득이 하나를 버려야 한다면 이 셋 중에서 어느 것을 먼저 버려야 합니까?"
"군사력을 버려라."
"부득이 하나를 더 버려야 한다면 나머지 둘 중에서 어느 것을 먼저 버려야 합니까?"
"먹을 것을 버려라. 자고로 사람은 모두 죽게 마련이다. 그러나 백성들이 믿지 않으면 나라가 존립할 수 없다."

국가도 기업도 고객의 믿음을 바탕으로 존립한다. '믿음'의 어원은 '밑힘'이라고 한다. 밑에서 받쳐주는 힘이란 뜻이다. 이 믿음은 개인과 조직을 지탱해주는 가장 중요한 초석이다. 옛말에 땅을 넓히는 것은 힘써 신뢰를 높여 나가는 것만 못하다고 했다. 고객과의 관계에서도 매출을 늘려가는 것은 신뢰를 높여가는 것만 못하다.

상품을 팔지 말고 신뢰를 팔아라

국내 건설사 중 최고의 역사를 자랑하는 대림산업은 신뢰를 기업 경영의 가장 기본적인 원칙으로 삼고 있다. 창업주인 이재준 회장은 "한평생을 살아오면서 약속만큼은 반드시 지켜야겠다고 생각해왔고, 또 반드시 실천해왔다"라고 입버릇처럼 말하며 신뢰를 항상 강조했다고 한다.

이란-이라크 전쟁이 한창이던 1980년대 후반, 이란에 진출한 여러 나라의 건설 업체들이 대부분 철수하는 와중에도 대림산업은 발주처와의 신뢰를 지키기 위해서 '캉간 가스 정제공장' 프로젝트를 수행했다.

1988년 6월 이라크 공군기가 공사 현장에 무차별 폭격을 가해 대규모 인명 피해와 함께 완공을 앞두고 있던 플랜트 공장이 순식

간에 잿더미로 변해버린 대참사가 발생했다. 하지만 대림산업은 공사를 중도에 포기하지 않고 끝까지 현지에 남아 공사를 완료했다. 이란 정부의 공사 관계자들에게 '가장 믿을 수 있는 건설 파트너'로 인정을 받은 것도 이 프로젝트 덕분이라고 한다.

이처럼 잘나가는 기업들은 상품을 팔지 않고 신뢰를 판다. 생존과 번영이 고객의 신뢰에 달려 있다는 것을 잘 알기 때문이다. 그래서 고객의 신뢰를 얻기 위해 조직 내부의 신뢰도 중요시한다.

『칭찬은 고래도 춤추게 한다』의 저자 켄 블랜차드(Ken Blanchard) 박사는 "21세기 기업 환경에서 진정한 경쟁력은 오직 CEO와 직원들 의 신뢰 관계"라고 말할 정도다.

신뢰할 수 있는 기업임을 보여주고, 일관된 품질과 지속적인 고객 만족을 통해 고객이 친밀감을 느끼게 해야 한다. 그러려면 다음 세 가지가 중요하다.

첫째, 조직원들의 신뢰다. 수직적, 수평적으로 조직원들이 상호 신뢰해야 한다. 상호 간에 업무 역량과 도덕성, 평가와 보상을 신뢰하고 지원과 협조를 통해 신뢰를 돈독히 해야 한다.

둘째, 조직원들의 자부심이다. 조직원들이 자기 업무, 팀/동료, 회사에 대한 자부심이 있어야 한다.

셋째, 조직원들의 즐거움이다. 조직원들이 서로 친밀함, 배려, 공동체 의식을 가지고 재미를 느껴야 한다.

See The Unseen

목표에
집중하라

하루하루 전력을 다하지 않고서는 그날의 보람은 없을 것이며, 동시에 최후의 목표에 도달하지 못할 것이다. ─괴테

볼 수 없는 과녁은 맞힐 수 없다

탁월한 성과를 거두기 위해서는 한 가지 목표에 집중해야 한다. 눈에 보이는 한 가지 목표를 설정하고 집중하는 순간 성공은 이미 시작된 것이나 다름없다. "시작이 반이다"는 말처럼, 목표를 설정

하는 순간 스위치가 켜지고, 에너지가 흐르기 시작하며, 성취하려
는 힘이 현실화된다.

아메리카인디언 마을의 한 추장이 나이가 많아져서 추장 직을 물려
주기 위해 세 아들을 데리고 사냥을 갔다. 한참 동안 숲 속을 가다 보
니 눈앞에 큰 나무가 있고 그 나뭇가지에 독수리가 앉아 있는 것이
보였다.

이를 본 추장은 맏아들에게 물었다.

"저 앞에 무엇이 보이느냐?"

이에 맏아들이 대답했다.

"예, 아버지. 하늘이 보이고 나무도 보입니다."

추장은 맏아들의 대답에 실망하여 둘째아들에게 물었다.

"둘째야, 저 앞에 무엇이 보이느냐?"

둘째아들이 대답했다.

"예, 나무가 보이고 나뭇가지에 앉아 있는 독수리가 보입니다."

추장은 역시 실망한 빛을 띠며 막내아들에게 물었다.

"막내야, 저 앞에 무엇이 보이느냐?"

막내아들이 대답했다.

"예, 아버지! 독수리가 보이는데 두 날개가 있고 그 날개들이 만나는
곳에 독수리의 가슴이 보입니다!"

이 말을 듣고 추장은 기뻐서 큰 소리로 외쳤다.

"그곳을 쏴라!"

막내아들은 활을 쏴서 독수리의 가슴을 명중시켰다.

물론 추장은 막내아들에게 추장 자리를 물려주었다.

자신이 '보지 않는 것'은 얻을 수 없는 법이다. 세계적인 '동기부여' 회사 LMI(Leadership Management International Inc.)의 회장 폴 마이어(Plul Myer)는 "모든 것을 실현하고 달성하는 열쇠는 목표 설정이다. 내 성공의 75퍼센트는 목표 설정에서 비롯되었다. 목표를 명확하게 설정하면, 그 목표는 신비한 힘을 발휘한다. 또 달성 시한을 정해놓고 매진하는 사람에게는 목표가 오히려 다가온다"라고 했다.

목표를 세우고 그 목표를 사랑하라

목표가 없으면 무엇이 성공인지, 무엇이 중요한지를 알 수가 없다. 성공의 정의와 기준은 남이 아니라 자기가 정하는 것이다. 따라서 자신의 가치에 맞는, 간절히 원하는 목표를 세워야 한다. 의무감에서 목표를 세우기보다는 진정으로 원하는 목표, 이루고 싶은 목표를 세우는 것이 바람직하다. 그리고 목표는 반드시 자기가 주도하고, 자기 힘으로 관리할 수 있어야 한다. 또한 목표는 현실적이어야 한다. 무모한 목표를 세우는 것은 시작부터 실패를 예정하는 것이며, 너무 쉬운 목표를 세우는 것은 자기 모욕이다. 자신의 잠재력을 발휘해 실제로 달성할 수 있는 목표를 세우는 것이 좋다.

『성경』은 "네 양 떼의 형편을 부지런히 살피며 네 소 떼에게 마음을 두라"(잠언 27:23)라고 전한다. 사랑하면 보인다. 산을 사랑하면 그 산에 이르는 길이 보인다. 마찬가지로, 뚜렷한 목표를 세우고 그 목표를 사랑하면 목표를 현실화할 수 있다.

목표를 설정하는 7단계는 다음과 같다. 첫째, 결과다. 자신이 바라는 성과가 무엇인지 명확하게 설정하라. 하나의 장단기 프로젝트에서 얻고자 하는 성과물을 명확히 해야 한다. 둘째, 증거다. 성과를 얻으면 그것을 이루었다는 것을 어떻게 알 수 있는지 확인할 수 있도록 하라. 셋째, 상황이다. 성과는 언제, 어디서, 누구와 만드는지 명확하게 정하라. 넷째, 영향이다. 원하는 성과를 얻었을 때 그것이 주변에 어떤 영향을 미칠지 사전에 충분히 검토하라. 관계된 이들이 모두 만족할 수 있어야 한다. 다섯째, 자원이다. 성과를 얻는 데 필요한 자원 가운데 자신이 이미 가지고 있는 것은 무엇이며, 필요한 것은 무엇인지 파악하라. 여섯째, 제약이다. 성과를 얻는 데 장애가 되는 것은 무엇인지 파악하라. 일곱째, 행동 계획이다. 성과를 얻기 위해서 지금 바로 해야 할 행동은 무엇인지 결정하라.

끝까지 가면 다음 길이 보인다

무일푼의 기술 벤처로 시작해 수출 대기업이 된 휴맥스의 성공 비결은 하나에 집중한 것이다. 서울 신림동의 좁은 사무실에서 시작한 휴맥스는 20년 만에 세계적인 '위성방송 셋톱박스 전문회사'로 성장했는데, 그 바탕에는 '품목은 셋톱박스 하나에 집중하되, 시장은 다양화한다'는 전략이 있었다. 이른바 집중화 전략을 택한 것이다. 이제 휴맥스는 대부분 PC에 인텔 칩(CPU)이 들어가듯, 미래 가정의 디지털 미디어 컨트롤타워에 휴맥스 제품이 핵심 장치로 들어가게 하겠다는 새로운 목표에 도전하고 있다.

자신의 분야에서 큰 성취를 이룬 사람들은 대부분 '하나'만 깊이 판 사람들이다. '하다가 안 되면 말지' 하는 식으로 일을 시작하면 100퍼센트 실패한다. 조금만 어려워지면 미리 탈출구로 도망치게 되기 때문이다. 목표를 너무 쉽게 버려선 안 된다. 거창하게 시작해 흐지부지하게 마무리하는 용두사미(龍頭蛇尾)가 되어서는 안 된다. 처음에 세운 뜻을 끝까지 밀고 나가며 초지일관(初志一貫)하는 태도가 필요하다.

사막에 사는 호피 인디언들이 기우제를 지내면 반드시 비가 온다고 한다. 비가 올 때까지 기우제를 지내기 때문이다. 이처럼 될 때까지 지속하는 능력은 그 어떤 능력보다 중요하다. 하나를 선택했으면, 되든 안 되든 끝장을 봐야 한다.

물을 끓여 수증기를 얻으려면 임계점을 넘겨야 하듯이, 목표에 도달하려면 잠재력의 임계점을 넘어설 때까지는 지속해야 한다. 99의 노력을 기울이고도 1을 더하지 못해 아무런 성과도 얻지 못한다면 얼마나 억울한 일인가. 가던 길은 끝까지 가야 한다. 그러면 다음 길이 보인다.

성공 비결은 목적을 향해 시종일관하는 것이다

성공하는 사람은 하나의 목표를 선택하고 거기에 모든 힘을 집중한다. 가장 자신 있는 하나의 목표에 자신의 모든 자원을 투입하는 선택과 집중을 하지 않으면 경쟁력을 갖추기 어렵다.

영국의 정치가 디즈레일리는 시종일관하는 자세가 중요하다는 것을 다음과 같이 표현했다. "사람이 성공하지 못하는 것은 처음부터 끝까지 한 길로 나아가지 않았기 때문이지 성공에 이르는 길이 험난해서가 아니다. 한마음 한뜻은 쇠를 뚫고 만물을 굴복시킬 수 있다."

20세기 위대한 수학자 앤드루 와일스(Andrew Wiles)는 '페르마의 마지막 정리'를 증명하는 데 무려 7년이 꼬박 걸렸다고 한다. 그 한 문제를 풀기 위해서 매일같이 매달린 것이다. 이처럼 한 분야에서 탁월한 성과를 이룩한 사람들은 치열하게 파고든 이들이다.

소나무 사진작가로 유명한 배병우는 1984년부터 소나무를 찍기 시작했는데, 전국 방방곡곡 소나무가 있는 곳은 안 가본 곳이 없다고 한다. 거의 10만 킬로를 돌아다니며 자신의 사진 작업에 적합한 소나무를 찾은 것이다. 한국의 옛 그림을 공부하고, 나무를 찍은 다른 나라의 사진들도 연구했다. 그리고 다양한 카메라로 실험을 하면서 소나무 사진에 가장 적합한 카메라를 찾아내는 데만도 10년이 걸렸다고 한다.

어떤 분야에서 세계적인 수준에 올라서기 위해서는 10년 정도의 훈련이 필요하다는 것은 이제 많이 알려진 사실이다. 위대함을 낳는 매직 넘버 '1만 시간의 법칙'도 이와 맥락을 같이하는 것이다.

한 가지 목표를 버리지 않고 지켜 나가기 위해서는 다음과 같은 기본적인 능력을 갖춰야 한다. 첫째, 지속하는 능력이다. 일관성 없이 갈팡질팡하지 않으려면 일에 연속성이 있어야 한다. 과거의 성공과 실패에서 배우고, 그 교훈을 새롭게 적용하고 발전시켜 나가는 능력이 필요하다. 이는 곧 성실성이다.

둘째, 전환하는 능력이다. 이상적인 목표 상태에 도달하기 위해 사고와 행동을 실제로 변화시키거나 목표 달성에 필요한 인적, 물적 자원을 재배치하고 전환하는 능력이다. 이는 곧 유연성이다.

셋째, 개발하는 능력이다. 목표를 이루어가는 과정에서 제한된 자원으로 참신하고도 창조적인 아이디어와 전략을 끊임없이 창출해내는 능력이 있어야 한다. 이는 곧 창의성이다.

문제보다는 목표를 크게 보라

야구 선수가 공에 집중하면 어느 순간 야구공이 축구공만하게 보일 때가 있다고 한다. 집중의 효과다. 모든 구기 종목 스포츠에 통용되는 한 가지 중요한 원칙이 있는데, '공에서 눈을 떼지 말라'는 것이다. 어디 스포츠뿐이겠는가. 목표를 성취하길 원하는 사람은 목표에서 눈을 떼지 말아야 한다. 이것이 목표 관리의 기본이다.

1965년 9월, 당구 선수인 루이스 폭스는 세계 타이틀을 차지하기 위해서 뉴욕에서 열린 대회에 참가했다. 결승전에서 루이스는 경기 내내 상대 선수와 큰 점수 차를 유지하며 선두를 달렸다. 그런데 루이스가 공을 칠 차례에 갑자기 파리가 나타나 '윙윙'거리며 당구대 주변을 몇 바퀴 돌다가 당구공 위에 살포시 내려앉았다. 루이스는 손을 휘휘 저으며 파리의 '행각'을 그저 웃어넘겼다. 파리는 또다시 당구대 위를 날다가 당구공 위에 앉아 객석의 웃음을 자아냈다. 머쓱해진 루이스는 입바람을 '후' 하고 불어 파리를 쫓았다. 하지만 그가 다시 공을 치려고 할 때 파리가 또 날아와 공에 앉았다. 객석에서 폭소가 터지자 방금 전까지 냉정함을 잘 유지했던 루이스는 급기야 이성을 잃고 파리를 쫓으려고 큐대를 막 휘두르다가 실수로 공을 건드리고 말았다. 루이스는 이렇게 해서 파리를 쫓는 데는 성공했지만 당구공을 건드리는 바람에 상대편 선수에게 공격권을 빼앗겼다. 상대편 선수는 이 행운의 기회를 놓치지 않고 점수 차를 바짝 좁혔고 결국에는 루이스를 이기고 세계 챔피언이 되었다.

집중해서 바라보아야 하는 것은 장애물이 아니라 목표다. 특히 심각한 문제에 봉착했을 때는 더욱더 목표에서 눈을 떼지 말아야 한다. 가로막힌 벽이 아무리 높아도 그 너머에 있는 목표를 보아야 한다. 목표에 집중할 때 그 너머로 나아갈 길이 보인다. 장애물을 디딤돌로 삼을 수 있는 전략이 보인다.

위대한 업적을 남긴 사람들의 삶에는 한 가지 공통점이 있다. 바로 고집스러울 만큼 강한 집중력이다. 그들은 마치 레이저 불빛처럼 한 가지 목표를 향해 달려간다. 목표를 이루기 전까지 단 한 치의 곁눈도 팔지 않는다. 목표를 성취할 수 있는지는 그것을 바라보는 집중력에 달려 있다.

문제와 결점은 바라볼수록 커진다

목표에 집중하면 목표가 크게 보이고, 문제에 집중하면 문제가 크게 보인다. 바라보는 것이 크게 보이는 법이다. 특히 문제와 결점은 바라볼수록 커진다. 문제를 보는 사람은 많다. 그러나 목표를 보는 사람은 소수다. 목표를 보는 사람들의 성공을 기록한 것이 역사이며, 문제를 보는 사람에게 주어지는 유일한 보상은 사람들에게 서서히 잊히는 것이다.

『성경』에는 이스라엘 민족이 가나안 땅을 되찾기 위해 12명의 정탐꾼을 보낸 이야기가 나온다. 정탐꾼 중에서 여호수아와 갈렙만이 목표에 집중하여 약속의 땅을 크게 보았고, 나머지는 문제에 집중하여 그곳을 점령하고 있는 족속들을 크게 보았다. 그래서 그들은 두려움에 압도당해 싸움을 회피했다. 결국 그들은 가나안에 입성하지 못하고 광야에서 생을 마감한다. 오직 목표에 집중한 여호수아와 갈렙만이 목표를 성취한다.

문제는 항상 실제보다 커 보인다. 두려움 때문이다. 두려움이 작은 문제를 크게 만든다. 자기 안에 있는 두려움이야말로 가장 경계해야 할 대상이다.

진정한 용기는 목표에 집중할 때 나오는 힘이다. 문제만 바라보지 말고, 현실을 직시하면서 목표에 집중해야 한다. 그렇다고 문제를 외면하거나 겁 없이 무대포로 덤비라는 뜻은 아니다. 겁 없이 덤비는 것은 겁이 나서 덤비지 못하는 것이나 크게 다를 바가 없다.

두려움이 생기면 두려워하는 자신을 객관적으로 관찰하고, 그 원인을 먼저 살펴야 한다. 그리고 조심할 것은 조심해야 한다. 그러나 문제에만 집중하여 생긴 잘못된 두려움이라면, 목표에 집중하면서 용기를 내야 한다.

그러므로 자신의 목표를 성취하기 위해서는 첫째, 목표에 집중해야 한다. 눈앞의 문제가 실제보다 커 보이지 않도록 있는 그대로 바라보고 현실을 직시하라. 만약 자신의 마음속에 현실을 왜곡하는 요소가 있다면 그것부터 바로잡아라. 또 목표를 이루는 것이 자신에게 어떤 의미와 가치가 있는지 명확히 인식하라. 그리고 그 목표에 집중하라.

둘째, 자원에 집중해야 한다. 목표를 성취하는 데 이용할 수 있는 자원은 무엇인가? 없는 것이 아니라 있는 것에 집중하라. 자신이 이용할 수 있는 자원이 무엇인지 살피고, 그 자원에 집중하라. 자신에게 있는 자원을 활용해 하나씩하나씩 문제를 풀어가라.

셋째, 전략에 집중해야 한다. 시디신 레몬을 손에 들고 얼굴을 찌푸릴 것인지 아니면 달콤한 레모네이드로 만들 것인지는 자신에게 달렸다. 자원을 활용해 목표를 성취할 수 있는 창의적인 전략을 세워라.

역경보다는 역량에 주목하라

벽에 장식용으로 하프를 걸어둔 집이 있었다. 단 한 번도 연주된 적 없는 그 하프는 자신이 어떤 존재인지 알지 못했다. 그러던 어느 날 주인이 모르고 창문을 열어둔 채 잠이 들고 말았는데, 그날따라 심한 비바람과 폭풍이 몰려왔다.

"띵, 띵가 딩 딩."

하프는 자신의 몸에서 소리가 나는 것을 느꼈다. 고난과 역경을 맞아 비로소 자기가 어떤 존재인지를 알게 된 것이다.

고난과 역경은 유익한 것이다. 자신의 존재를 깨닫는 계기가 되고, 자신의 잠재력을 개발할 기회가 된다. 따라서 고난과 역경에 처하면 그것이 자신에게 던지는 메시지를 발견해야 한다. 자기 존재의 의미를 발견하고, 역량이 강화되는 자신의 모습을 바라보아야 한다.

성공하는 사람들은 고난과 역경을 피하지 않고 그것에 맞서싸운다. 있는 힘을 다해 그것을 뛰어넘는다. 미국의 리더십 연구가인 폴 스토츠(Plul Stotz)는 이 역경을 이겨내는 자질을 '역경지수(AQ)'라 표현했다. 역경지수가 높은 사람들은 역경에 처하거나 실패했을 때 다른 사람을 비난하지 않으며, 자신도 비난하지 않는다. 역경과 실패가 자신의 모자람에서 비롯된 것이라고 자학하지 않는 것이다. 긍정적인 사고방식으로 직면한 문제와 제한된 상황을 풀어나갈 뿐이다.

역경을 감내하는 것과 염려하는 것은 전혀 별개의 문제다. "그 무엇도 내 허락 없이는 나를 불행하게 할 수 없다"라고 한 소크라테스처럼, 아무리 어려운 역경 속에서도 감사하고 기뻐할 수 있는 능력이야말로 정말 소중한 역량이다. 그러므로 역경을 당하는 동안 바라보아야 할 것은 역경 자체가 아니라, 그 역경을 통해 더욱 성장할 '역량'이다. 역경보다는 역량에 주목하라. 역경 없는 삶을 추구하지 말고, 어떤 역경이든 수용하고 극복할 수 있는 역량을 길러라.

자리를 탐내지 말고 역량을 탐내라

기원전 4세기경 시라쿠사의 왕이었던 디오니시우스는 권력을 잡는 과정에서 수많은 정적을 처형했는데 왕이 된 다음에는 보복이 두려워 항상 갑옷을 입었고, 매일 밤마다 침실을 바꿨다.

어느 날 디오니시우스 왕에게 친구인 다모클레스가 말했다.

"대왕께서는 얼마나 행복하십니까. 대왕이야말로 세상 사람들이 원하는 것을 모두 가지셨으니 말입니다."

왕이 말했다.

"자네는 내 자리가 탐이 나는가?"

"어찌 그런 욕심을 내겠습니까? 다만 왕이 누리는 지위와 재산, 왕이 맛보시는 산해진미를 하루만이라도 누려보았으면 할 뿐입니다."

왕은 잠시 생각한 뒤 응낙했다.

"좋아. 단 하루 동안 자네에게 내 자리를 빌려주도록 하겠네."

이렇게 해서 다모클레스는 다음 날 하루 동안 왕이 되었다.

그는 연회장에 들어가 맛있는 음식을 먹었고, 여러 하인들의 시중을 받았으며, 푹신한 의자에 앉아 수많은 신하들을 호령했다. 그러던 중 그는 옥좌에 앉아 있다가 천장에 아주 날카로운 칼이 매달려 있는 것을 보고 깜짝 놀랐다. 게다가 칼은 말의 꼬리털 한 오라기에 매달려 있어서 당장이라도 떨어질 것처럼 보였다.

그때까지 편안한 마음으로 왕 노릇을 즐기던 다모클레스의 등에서는 식은땀이 주르륵 흘러내렸다. 얼굴빛은 하얘지고, 안절부절못하며 쩔쩔맸다.

그의 표정이 변한 것을 본 디오니시우스 왕이 물었다.

"왜 그러는가? 무슨 나쁜 일이라도 있는가?"

"저 칼! 저 칼 때문에!"

"그게 왜 문제가 되는가? 왕 자리를 노리는 자는 언제나 있기 마련일세. 그들은 보이는 칼, 보이지 않는 칼로써 늘 왕을 해치려고 궁리를 하고 있다네."

"하지만 저 칼은 어제만 해도 없던 것입니다. 대왕께서 왕이실 때는 매달려 있지 않던 칼을 제가 왕인 날에만 매다신 것은 불공평합니다."

디오니시우스 왕이 웃었다.

"왕 자리는 매우 위험하다네. 다만 나는 칼을 매달지 않아도 왕 자리가 얼마나 위험한지 잘 알고 있지만 자네는 굳이 칼을 매달아야 알 것 같아 칼을 매달아두었네."

다모클레스가 외쳤다.

"제발 저를 당장 궁에서 내보내주십시오! 소원입니다!"

다모클레스는 결국 중도에 왕 노릇을 그만두었다.

힘 있는 모든 자리에는 '위협'이라는 눈에 보이지 않는 칼이 있다. 그것으로부터 자신을 보호하기 위해서는 '역량'이라는 갑옷을 입고 있어야 한다. 그렇지 않으면 그 칼에 자신의 목이 잘리고 만다. 세상에 역량 없이 앉아 있을 수 있는 자리란 없다. 있다면 공원의 벤치뿐이다. 결국 모든 힘 있는 자리는 그에 걸맞은 역량을 갖춘 사람에게 돌아간다. 그러므로 어떤 자리에 오르면 받을 '혜택'을 탐내기 이전에, 그 자리에서 일을 감당할 수 있는 '역량'을 먼저 갖춰야 한다.

목표를 향해 나아가다 역경에 처하면 다음과 같은 태도를 취해야 한다. 첫째, 현실을 있는 그대로 받아들여야 한다. 아무리 힘든 역경도 자신의 허락 없이는 자신을 불행하게 할 수 없다. 역경 속에서도 자신이 가지고 있는 것에 집중하며, 감사하고 기뻐하는 마음을 잃지 마라. 현실을 있는 그대로 받아들이고, 그 현실과 정직하게 마주하라.

둘째, 긍정적인 사고로 역경을 뛰어넘어야 한다. 역경을 만나면 그 역경이 던져주는 메시지를 발견하라. 고난이 클수록 역량은 커지고, 역량이 커지면 더 큰 사명을 감당할 수 있다. 힘든 역경에 처했을 때 있는 힘을 다해 그 역경을 뛰어넘는 습관을 길러라.

셋째, 메타성과에 주목해야 한다. 메타성과란 분명히 존재하지만 가시적으로 드러나지 않는 성과를 의미한다. 모든 행동의 결과는 눈에 보이는 '성과'와 눈에 보이지 않는 '메타성과'로 나타난다. 메타성과에 주목하면 눈에 보이는 성과가 없더라도 지치지 않고 다시 힘을 내서 도전을 계속할 수 있다.

번식과 부흥의 원리를 적용하라

A와 B라는 사람이 30일 동안 함께 일을 하는데 A는 매일 100만 원씩 받고, B는 첫날 10원을 받고 매일 두 배씩 늘려서 받기로 했다고 가정하자. 얼핏 생각하기에는 30일 동안 100만 원씩 받는 A가 더 많은 돈을 손에 쥘 것 같다. 그러나 실제로 계산해보면 B가 A보다 훨씬 많은 돈을 받게 된다는 것을 알 수 있다. 그 차이도 엄청나게 크다. A는 3000만 원을 받지만, B가 받는 돈은 약 53억 원에 이른다. 이처럼 아주 작은 금액이라도 매일 두 배로 늘어난다면 시간이 지나면서 그 금액은 눈덩이처럼 불어난다.

지구상의 모든 동·식물과 인류는 B가 받는 보수와 같이 기하급수적인 증식 과정을 거치며 번식하고 부흥했다. 이것은 심고 거두는 대자연의 법칙이며, 심은 것보다 몇 배, 몇십 배나 더 많은 것을 거두는 농사의 법칙이다. 씨 가진 열매가 땅에 떨어져 싹을 틔우고, 싹이 자라 또 한 그루의 나무가 되고, 그 나무는 또다시 수많은 열매를 맺는다.

이것은 자신 외에 다른 사람에게서도, 그리고 자신의 죽음 뒤에도 번식과 부흥이 계속된다는 것을 의미한다. 이 번식과 부흥의 원리를 삶과 경영에 적용하는 개인이나 조직은 폭발적인 성장을 이룰 수 있다.

먼저 '열매 맺는 나무'가 되어 꽃을 피우면 '씨 가진 열매'는 저절로 맺힌다. 따라서 열매 맺는 나무가 되어 꽃을 피우는 것이 중요하다. 열매 맺는 나무가 개인과 조직의 '핵심 역량'이라면, 씨 가진 열매는 '핵심 가치'가 담긴 상품이나 서비스다. 열매 맺는 나무가 '투자 요소'라면, 씨 가진 열매는 '성과 요소'다. 열매 맺는 나무가 '생산능력, 황금 알을 낳는 거위'라면 씨 가진 열매는 '생산품, 황금 알'이다. 열매 맺는 나무가 '존재 목적(being)'이라면, 씨 가진 열매는 '행위의 목표(doing)'다.

열매 맺는 나무	씨 가진 열매
핵심 역량	핵심 가치
투자 요소	성과 요소
생산능력(황금 알을 낳는 거위)	생산품(황금 알)
존재 목적	행위의 목표

〈열매 맺는 나무와 씨 가진 열매〉

『성경』에 "지혜 있는 자는 강하고 지식 있는 자는 힘을 더하나니 너는 전략으로 싸우라 승리는 지략이 많음에 있느니라"(잠언 24:5~6)는 말씀이 있다. 번식과 부흥의 원리를 삶과 경영의 핵심 전략으로 적용하면 시간이 흐를수록 더욱 풍성한 열매를 맺게 된다. 어떤 '열매 맺는 나무'가 되어서, 어떤 '씨 가진 열매'를 맺을 것인지를 설계하고, 자원과 시간을 할당하여 꾸준히 노력한다면 자연스럽게 폭발적인 성장을 이룰 수 있을 것이다.

그러면 어떻게 하면 번식과 부흥의 원리에 충실할 수 있을까?

첫째, 열매 맺는 나무를 키워라

축구 클럽 맨체스터 유나이티드(이하 맨유)는 스타플레이어를 영입하기보다 유망주를 발굴하는 데 집중한다. 국적·인종에 얽매이지 않고 전 세계 인재를 영입하는 점이 맨유를 강하게 만드는 이유 중 하나다. 맨유가 세계 최고의 골잡이 크리스티아누 호날두를 레알 마드리드로 보내고 받은 이적료는 약 8000만 파운드다. 맨유가 2003년 호날두를 데려올 때 지불한 이적료가 1224만 파운드였으니, 유망주를 데려다 세계 최고의 스타로 키워 6배 이상의 이익을 올린 셈이다.

포드자동차 창업 회장인 헨리 포드는 "내 공장을 가져가고 차를 부셔도 좋다. 다만 내게서 포드 사람만 빼앗아가지 마라. 그러면 이 사람들과 함께 다시 지금의 포드를 만들 수 있을 것이다"라고 말했다.

탁월한 성과를 이뤄낸 리더들은 이구동성으로 성공의 가장 중요한 열쇠가 사람이라고 주장한다. 사람이 열매 맺는 나무다. 사람이 핵심 역량이다. 전략을 실행하는 방법과 노하우를 가진 것도 사람이고, 전략을 행동으로 옮기는 것도 사람이다. 따라서 번식과 부흥의 원리에 충실하려면 사람을 얻고, 사람을 키워야 한다. 사람을 양성하는 것이야말로 가장 효과적인 성장 전략이다.

둘째, 씨 가진 열매를 맺어라

글로벌 경영 컨설팅 업체인 베인앤드컴퍼니에서 성공 기업을 분석한 결과, 대부분이 집중(focus), 확장(expand), 재정립(redefine)의 성장 사이클을 따라 발전해온 것으로 나타났다. 지속 성장의 제1 필수 조건은 '누구도 넘볼 수 없는 경쟁력을 가진 핵심 사업을 보유하는 것'이다. 이후 확장 단계에서, 그 핵심 사업을 바탕으로 '인접 영역으로 확장'을 시도한다. 새로운 지역이나 새로운 고객, 신규 유통 채널 등으로 사업을 확대하는 것이다. 핵심 사업과 가까운 곳부터 시작하여 하나의 성공 공식을 만들고 이를 철저히 반복해 나가는 게 특징이다. 나이키가 신발, 의류, 공 등으로 사업 부문을 확장하는 전략을 농구, 테니스, 축구, 골프 등에 되풀이해 성공한 것은 널리 알려진 사례다.

씨 가진 열매는 핵심 가치를 지닌 솔루션이다. 따라서 고객이 진정으로 원하는 핵심 가치가 무엇인지를 먼저 파악해야 한다. 그리고 그 핵심 가치를 더 저렴하고 더 편리하게 제공할 수 있는 더 나은 솔루션을 찾아서 개발해야 한다.

고객은 궁극적으로 핵심 가치를 원한다. 현재의 상품과 서비스는 핵심 가치를 제공하는 현재의 솔루션에 불과하다. 예를 들면 고객은 드릴(상품)을 원하는 것이 아니라, 구멍(핵심 가치)을 원한다. 그러므로 구멍을 낼 수 있는 도구(솔루션)를 공급해주면 되는 것이다.

음반 솔루션은 LP, CD를 거쳐 MP3로 변화되었고, 난방 솔루션은 연탄에서 석유, 도시가스를 거쳐 태양열에너지로, 자동차 연료 솔루션 역시 휘발유와 LPG에서 수소와 전기로 변해가고 있다.

중요한 것은 핵심 가치에 집중하는 것이다. 솔루션은 변하지만 핵심 가치는 변하지 않는다. 따라서 눈에 보이는 솔루션이 아니라 눈에 보이지 않는 핵심 가치를 추구하고 그것에 집중해야 한다.

셋째, 최적의 환경을 갖춰라

미국의 34대 대통령 아이젠하워가 콜롬비아 대학 총장이었을 때, 교무처장이 출입이 금지된 잔디밭에 들어간 학생들을 무더기로 징계해야 한다고 건의했다. 아이젠하워는 곧 문제의 잔디밭으로 가보았다. 거의 모든 학생들이 규칙을 어기고 잔디밭을 걸어 도서관으로 가고 있었다. 그러지 않을 경우 그들은 거의 두 배에 가까운 거리를 돌아가야만 했다. 아이젠하워는 교무처장에게 이렇게 지시했다. "출입 금지 팻말을 치우시오. 이 잔디밭은 출입을 금지할 곳이 아니라 똑바로 걸어가야 할 곳이오." 며칠 뒤에 똑바른 길이 도서관을 향해 뚫렸고, 그 뒤로 규칙을 어기는 사람은 아무도 없었다.

퍼스널 코칭의 창시자 토마스 레오나드(Thomas Leonard)는 "성공은 성공을 지지하는 환경과 실패하지 않는 구조가 있을 때 유지할 수 있다. 성공적으로 일을 처리하거나 자기 자신을 잘 개발하기 위해서는 결단력과 의지력이 필요하지만 그보다 환경을 조성하지 못하면 결국 성공을 이루기는 힘들다"라고 말했다.

열매 맺는 나무가 씨 가진 열매를 잘 맺도록 하기 위해서는 최적의 환경을 조성해야 한다. 목표 달성을 돕는 최적의 환경을 만들어야 한다. 이러한 환경이 갖춰져야 의지를 움직이고 헌신을 이끌어내 성과를 극대화할 수 있다.

비전과 원칙만으로 모든 것을 해결할 수는 없다. 시스템과 리더십이 필요하다. 시스템은 조직을 움직이는 운영체계이다. 원칙을 준수하는 구체적인 행동 규범이나 실행 지침을 만들어 제도화해야 한다. 원칙은 변함이 없어야 하지만, 시스템은 언제든 없애거나 바꿀 수 있다. 그렇다 해도 운영되는 시스템을 무시하는 것은 심각한 문제다. 그것은 시스템 붕괴를 의미한다. 그러므로 시스템이 현실에 맞지 않을 때는 과감하게 없애거나 바꿔야 한다. 그것이 리더의 책무다. 비전을 공유함으로써 하나 된 힘을 끊임없이 만들어내고 유지하는 것이 리더십의 핵심이다.

탁월한 전략은 현실을 직시할 때 찾을 수 있다

상대와 같은 패를 들고도 이길 수 있도록 만드는 것이 전략이다. 탁월한 전략은 현실을 직시해야 찾을 수 있다. 명장 한신은 조나라와 싸울 때 강을 등지고 배수진을 쳤다. 조나라 사람들은 그가 병법을 모른다고 비웃었으나 한신은 결국 대승을 거두었다. 한신은 자기 군대가 훈련된 정예군이 아니라 일반 백성들을 급히 모아 편성한 오합지졸에 불과하다는 것을 잘 알았다. 그래서 배수진을 쳐 스스로 싸우지 않을 수 없도록 만든 것이다.

중국 제나라의 장수 전기(田忌)는 귀족들과 마차 경주 내기를 즐겼는데, 세 번 겨루어 두 번 이상 이기는 쪽이 돈을 차지하는 내기에 항상 졌다. 하루는 전기의 빈객인 손빈이 이 내기를 지켜보았는데, 경주하는 말은 크게 상, 중, 하 세 등급으로 나뉘어 있었고 같은 등급의 말은 큰 차이가 나지 않았다. 이에 손빈은 전기에게 다가가 말했다.
"한 번 더 내기를 거십시오. 이길 것입니다."
전기가 의아해하며 대답했다.
"난 늘 내기를 했지만 항상 졌소. 그런데 어찌 다시 내기를 걸겠소?"
손빈은 웃으며 말했다.
"제게 좋은 생각이 있습니다. 반드시 장군께서 내기에 이기도록 하겠습니다."

전기는 손빈의 재능을 믿었으므로, 며칠 뒤 왕과 여러 귀족들을 불러 크게 마차 경주 내기를 했다. 이때 손빈이 전기에게 귀띔하여 말했다.

"장군의 하급 말을 상대방의 상급 말과 경주시키고, 장군의 상급 말을 상대방의 중급 말과 경주시키고, 장군의 중급 말을 상대방의 하급 말과 경주시키십시오."

전기는 이 말을 따랐고, 과연 경기를 마쳐보니 전기가 한 번은 지고 두 번은 이겨 결국 내기에서 이겼다.

당신은 현실을 탓하고 있는가, 아니면 현실을 극복하기 위한 전략에 집중하고 있는가? 어려운 현실을 극복하기 위해 어떤 전략을 세워두고 있는가?

전략은 없는 것이 아니라 있는 것으로 세우는 것이다

현실을 탓하는 사람은 언제나 문제만 바라보거나 없는 것만 바라본다. 그래서 그런 사람의 눈에는 전략이 보이지 않는다. 어리석게도 없는 것을 채울 생각만 한다. 그래서 현실을 탓하는 사람치고 일을 제대로 해내는 사람이 없다.

전략은 현실을 바탕으로 세워야 한다. 탁월한 전략은 현실을 직시할 때 찾을 수 있다. 자신에게 없는 것을 탓만 할 게 아니라, 자신이 가지고 있는 것에 집중해야 한다. 그것으로 현실을 극복할 방법을 찾아내야 한다.

성웅 이순신은 뛰어난 전략가였다. 13척의 배로 133척의 일본 수군을 물리친 명량해협은 조류가 빠른 곳이다. 수심이 얕아 실제 배가 항해할 수 있는 폭도 좁고 수십 개의 크고 작은 암초가 솟아 있는 곳이다. 수적 열세 상황에서 필승의 전략을 찾던 이순신은 이곳을 결전의 장소로 선택해 승리했다. 열악한 현실을 극복하기 위해 이순신은 항상 자신이 원하는 곳에서 싸웠다.

철학자 프랜시스 베이컨(Francis Bacon)은 "누구도 해낸 적 없는 성취란, 누구도 시도한 적 없는 방법을 통해서만 이룰 수 있다"라고 했다. 전략은 없는 것을 가지고 세우는 것이 아니라, 있는 것을 가지고 세우는 것이다. 순서를 바꾸거나 장소를 바꾸는 것도 기막힌 전략이 될 수 있다.

무역이란 것도 따지고 보면 장소를 변경하는 전략에서 비롯된 것이다. 특정 상품의 효용가치(效用價値)가 적은 곳에서 많은 곳으로 활용 장소를 옮김으로써 경제 가치를 증가시키는 것이다.

시간도 전략적 자원이다. 일하는 것을 멈추고 휴식을 취하는 것도 하나의 전략이다. 레오나르도 다빈치는 "일하고 있지 않을 때 우리는 가장 큰일을 할 수 있다"라고 말한다. 목표를 향해 전력 질주하는 것만이 능사는 아니다. 때론 멈추어 서서 자신의 위치를 확인하고 어느 방향으로 나아갈지 생각할 시간도 필요하다. 몸과 마음을 추스르고 에너지를 축적하는 시간도 필요하다. 창의적인 아이디어는 충분한 휴식을 취하고 있을 때 번개처럼 스쳐 지나가기도 한다. 일하지 않는 시간에 진짜로 큰일을 할 수 있는 것이다.

그러므로 직면한 상황을 극복할 수 있는 탁월한 전략을 수립하기 위해서는 첫째, 사용 가능한 모든 자원을 살펴보아야 한다. 현실을 있는 그대로 정확하게 파악하고, 유형의 것이든 무형의 것이든 사소한 것 하나까지도 자신이 현재 가지고 있는 모든 자원을 살펴보라.

둘째, 자원의 가치를 극대화할 방안을 찾아야 한다. 현재 가지고 있는 자원을 더 크게, 더 강하게, 더 좋게 할 방법을 생각하라. 자원의 가치를 극대화할 방법을 강구하라. 시간이라는 자원과 결합시키는 것도 좋은 방법이다.

셋째, 자원을 활용하는 방법을 바꿔보는 것이 좋다. 자신이 가지고 있는 자원을 활용하는 순서나 장소를 바꿔보라. 자신이 가지고 있는 자원을 분리하거나 연결해보는 것도 좋은 방법이다.

숨은 자산을 발굴해 활용하라

전략을 수립하는 방법론에는 잘 알려진 SWOT 분석기법이 있다. 외부 환경 요인과 자신의 역량을 기초로 자신의 현 위치를 평가하고 전략을 수립하는 방법이다.

자신의 핵심 역량이 고객이 요구하는 수준에 맞는지, 고객의 필요와 요구에 충분히 부응하는 자기만의 아이템인지를 점검하는 것이다.

시간과 비용, 에너지를 가장 집중해야 할 전략은 SO 전략(강점을 가지고 기회를 살리는 전략)이다. 그리고 ST 전략(강점을 가지고 위협을 회피하거나 최소화하는 전략), WO 전략(약점을 보완하여 기회를 살리는 전략), WT 전략(약점을 보완하면서 동시에 위협을 회피하거나 최소화하는 전략)도 고려해야 한다.

	내부 강점 (S)	내부 약점 (W)
외부 기회 요인 (O)	SO 전략	WO 전략
외부 위협 요인 (T)	ST 전략	WT 전략

〈SWOT 분석기법〉

이 같은 전략을 수립할 때는 변화하는 시장 환경을 잘 살펴야 한다. 내부 역량은 외부 환경의 관점에서 바라보고, 외부 환경은 자기와의 연관성을 생각하며 바라보아야 한다. 이렇게 꾸준히 관찰하면서 자신을 객관적으로 이해하고, 새로운 목표를 설정하며, 전략을 구상해야 한다. 시간과 에너지를 집중적으로 투자해야 할 부분이 무엇인지를 결정하고 추진해야 한다.

정체된 업계는 없고 단지 정체된 시각이 있을 뿐이다

미국의 대표적인 만화 캐릭터 업체인 마블 엔터테인먼트는 파산 상태에 이르렀을 때 새로운 경영진을 영입했다. 그리고 새로운 경영진은 얼마 지나지 않아 회사 전략을 대폭 수정했다. 그들은 사업을 다시 일으키는 데 필요한 자산은 기존의 만화책 프랜차이즈가 아니라, 그 독자들에게 향수를 불러일으킬 수 있는 5000개가 넘는 유명 캐릭터들이라고 생각했다.

마블 엔터테인먼트는 영화 제작사와 손을 잡고 회사의 유명 캐릭터를 영화 주인공으로 내세웠다. 전략은 적중했다. 〈스파이더맨〉을 시작으로 〈인크레더블〉, 〈헐크〉 등이 대히트를 쳤다. 이후 마블 엔터테인먼트의 매출 이익 중 상당 부분이 영화와 캐릭터 상품 관련 라이선스에서 나오게 되었다.

이와 같이 파산의 위기까지 치달았다가 성공적으로 재도약한 기업을 살펴보면 하나의 중요한 공통점을 찾을 수 있는데, 그것은 그동안 미처 깨닫지 못했던 내부의 숨은 자산을 발굴해 최대한 활용했다는 점이다.

런던 비즈니스 스쿨 교수 게리 하멜(Gary Hamel)은 "절대로 업계가 정체되어 있다고 믿어서는 안 된다. 정체된 업계는 없다. 단지 정체된 경영자만 있을 뿐이다. 한 산업의 구성원은 대부분 같은 방식으로 눈이 멀었다"라고 지적한다.

정체된 업계를 탓할 것이 아니라 자사의 숨은 자산을 찾아내 그것으로 전략을 세워야 한다. 과다한 경쟁으로 출혈을 감수하는 전략이 아니라 황무지를 개척하는 전략을 세워야 한다.

이제 동종 업계가 경쟁 상대이던 시대는 지났다. 상품과 서비스의 점유율을 높이기 위한 경쟁은 고객의 마음을 사로잡기 위한 경쟁으로 바뀌었다. 고객을 감동시키는 솔루션만이 고객의 마음을 사로잡을 것이고, 고객은 그것에 대가를 지불할 것이다.

자신의 강점으로 기회를 살릴 자신만의 창의적인 전략을 세우기 위해서는 첫째, 자신의 강점에 집중해야 한다. 자신의 강점이 무엇인지, 자신이 그동안 미처 깨닫지 못했던 숨겨진 자산이 무엇인지 찾아라.

둘째, 변화하는 외부 환경에서 기회를 발견해야 한다. 외부 환경에 어떤 변화가 일어나고 있는지 관찰하고, 그러한 변화 속에서 자신의 강점과 자산을 활용할 기회 요인을 발견하라.

셋째, 황무지 개척 전략을 찾아야 한다. 자신의 강점과 자산으로 기회를 살려서 새로운 황무지를 개척할 전략을 찾아라. 경쟁이 치열한 레드오션이 아니라 새로운 시장인 블루오션을 주도적으로 개척해가라.

세상에 없는 것, 그러나 고객이 원하는 것을 찾아라

스웨덴의 스톡홀름 경영대학원의 요나스 리더스트럴러(Jonas Ridderstrale)는 오늘날의 경제를 '잉여의 경제'라 정의했다. 오늘날에는 유사한 기업들이 유사한 교육을 받은 종업원들을 통해 유사한 아이디어로 제품을 만들어 유사한 가격과 품질로 과잉 공급하고 있다는 것이다.

과잉 공급은 치열한 경쟁을 의미한다. 따라서 개인과 조직은 경쟁에서 이길 수 있는 자신만의 독특한 전략을 세워야 한다. 그것은 '이 세상에 없는 것, 그러나 고객이 원하는 것'을 만들어내는 가치 혁신 전략이다.

같은 맥락에서 세계 정상의 프리마돈나 홍혜경의 지적에 주의를 기울일 필요가 있다. "오페라 가수로 성공하기 위해서는 자기만의 고유한 소리를 찾아야 합니다. 그래야만 같은 노래를 불러도 자신의 특별함을 청중에게 전달할 수 있습니다. 하지만 많은 성악가가 다른 사람을 흉내 내는 데 그치고 맙니다. 자기만의 고유함을 찾아가다 보면 길이 나타나는데도 말입니다."

새로운 가치를 창출하는 가치 혁신은 기존의 경쟁 우위 전략인 차별화와는 개념이 약간 다르다. 경쟁자, 시장, 고객을 바라보는 고정관념에서 벗어나는 것이 가치 혁신의 출발점이다. 가치 혁신은 남에게 없는 것, 남보다는 훨씬 뛰어난 것을 개발해 새로운 시장을 창출하는 것이다.

　경영사상가 찰스 핸디(Charles Handy)는 "기존의 방법이 앞으로도 효과적이라는 보장이 없다. 완전히 새로운 게임에 임할 새로운 규칙이 필요할 수도 있다. 그렇다면 직접 새로운 것을 만들고 찾아내야 할 것이다. 이런 경우에 학습은 모방이 아니라 질문을 던지고 실험을 통해서 답을 찾는 일종의 탐험이다"라고 했다.

　가치 혁신은 다른 사람들과 경쟁하는 전략이 아니다. 오직 자기 자신과 경쟁하고 미래와 경쟁하는 것이다. 자신이 새로운 길을 만들고, 최초의 역사를 써나가는 것이다. 누구나 할 수 있는 일과 누구도 할 수 없는 일은 접어두고 '자신만이 할 수 있는 일'을 찾아내고 그것에 몰입하는 것이다.

　그렇다면 어떻게 새로운 가치를 창출할 수 있을까?

첫째, 기존의 틀을 깨고 새로운 방식을 채용해라

지방 출장을 떠났던 남편이 집에 돌아왔다. 남편의 얼굴이 수척해 보이자 아내가 물었다.

"여보, 당신 괜찮아요?"

"컨디션이 좀 안 좋아."

"왜요? 지방 출장 때 무슨 일이라도 있었어요?"

"기차에서 달리는 반대 방향으로 앉아서 왔더니 멀미가 나는 것 같아."

"바보 같은 사람, 맞은편에 앉은 사람한테 잠깐 자리를 바꿔달라고 부탁하지 그랬어요?"

"그럴 수가 없었어. 그 자리엔 아무도 없었거든."

사실 바보짓도 따지고 보면 생각의 틀에서 벗어나지를 못해서 저지르게 된다. 그러므로 생각의 틀을 가장 먼저 깨부수어야 한다. 그래야 비로소 새로운 방식이 보인다.

자기보다 뛰어난 상대를 상대와 같은 방법을 이용해 이기는 것은 불가능하다. 따라 하면 지게 되어 있다. 약자가 강자를 상대해 이길 수 있는 유일한 길은 새롭고 더 효과적인 방법을 개발하는 것뿐이다. 검술이 약하면 창이나 활로 상대하고, 활을 가진 자에게는 총으로 상대해야 한다. 다윗은 칼과 창이 아니라 물맷돌로 거인 골리앗을 쓰러뜨렸다.

트로이를 정복하려 했던 아가멤논은 그리스의 훌륭한 장군이었지만, 생각의 한계 때문에 똑같은 전법을 되풀이한 결과 10년 동안 지루한 전쟁을 계속할 수밖에 없었다. 그러다 결국 트로이는 오디세이에게 함락되었다. 오디세이는 트로이에 선물로 바친 대형 목마에 아군을 몰래 싣고 가 하룻밤 만에 트로이를 손에 쥐었다.

미국 육상 선수 딕 포스베리는 1968년 멕시코 올림픽에서 그때까지 볼 수 없었던 완전히 새로운 높이뛰기 방식을 선보였다. 당시 모든 선수들은 가위뛰기라는 앞으로 넘는 방식으로 바를 넘었으나 그는 일명 배면점프라고 하는 포스베리 뛰기로 세계 신기록을 수립했다. 그로부터 10년 정도가 지나자 모든 선수들이 채택하는 방식이 되었다.

피카소가 독창성을 인정받은 것도 어떤 물감을 독점적으로 사용해서가 아니다. 그는 눈이 아니라 마음으로 본 것을 그렸고, 표현 방식을 바꿨다. 이같이 상상력을 동원하여 눈에 보이지 않는 것을 들여다보고, 상식을 한번쯤 뒤집어 생각해보아야 한다. 기존의 틀인 통념과 관행을 과감하게 깨고 독창적인 방법을 시도해야 한다.

둘째, 다른 업종의 성공 원리와 아이디어를 접목하라

벤치마킹을 한다고 동종 업계의 잘나가는 회사를 따라 하는 기업이 있는데 이러한 시도는 대부분 실패한다. 벤치마킹은 동종 업계를 분석하는 것이 아니라, 이종 업계에서 본질적인 성공 요인을 분석하여 그 원리를 자신의 업종에 창의적으로 접목해야 성공할 확률이 높다.

삼성전자 반도체 부문 임직원들이 동대문의 대형 의류 매장 밀리오레를 방문해서 화제가 된 적이 있다. 첨단을 자랑하는 반도체 업체를 이끄는 임직원들이 더 개선할 점을 찾기 위해 전혀 다른 업종의 매장을 들른 것이다. 이렇듯 새로운 가치를 창출하기 위한 노력에는 끝도 없고 경계도 없다.

제록스 사가 고객 서비스 향상 방안을 연구할 때는 미국 통신판매 사업자 엘엘빈(L.L.Bean)을 벤치마킹했다. 또 사우스웨스트항공 관리자들은 공항 탑승장에서 비행기가 대기하는 시간을 줄이기 위해 자동차 경기 인디(Indy) 500을 벤치마킹했다. 자동차 경기 시에 하는 정비 절차를 연구하여 항공사 운영에 반영해 많은 성과와 수익을 올렸다.

중소기업 아이손은 운동선수들이 모래주머니를 발에 달고 훈련하는 것에 주목했다. 그래서 다이어트 효과가 있는 무거운 운동화(파워 다이어트 슈즈)를 만들어 세계 일류 상품을 탄생시켰다. 이것도 창의적인 접목을 통해 탄생한 상품이다.

창의력은 '여러 사실을 연결하는 고리'다. 전혀 엉뚱하고 낯선 결합을 통해 예상하지 못했던 아름다움, 재미 또는 놀라움이라는 감성 가치가 탄생한다. 그 이전까지는 아무도 상상하지 못했던 어떤 것과의 뜻하지 않은 결합이 새로운 가치를 창출하는 것이다. 이처럼 가치 혁신을 위해선 자신을 끝없이 다른 영역의 색다른 경험에 수없이 노출시켜야 한다. 뭔가 아이디어를 짜내려면 전혀 엉뚱한 분야에서 성공을 거둔 기업을 벤치마킹하고, 전혀 연관성이 없어 보이는 것들을 결합하는 시도가 필요하다.

셋째, 남들이 가지 않는 방향으로 가라

중국 전국시대에 전쟁으로 금값이 폭등하고 곡식 값이 폭락했을 때 많은 이들이 금과 패물을 사들였다. 그런데 다른 사람들과는 정반대로 곡식을 사들인 이가 있었다. 전쟁이 길어지면서 식량 부족 현상이 나타났다. 양곡 값이 폭등하고 금값이 하락하면서 그는 거대한 부를 축적했다. 이에 한고조 유방이 그를 불러 부를 축적한 비결이 무엇인지 묻자 이렇게 대답했다. "사람들은 누구나 비슷한 생각을 하는데 저는 사람들과 달리 생각합니다. 저는 그것을 역발상이라고 합니다."

2008 베이징올림픽에서 영국 스피도 사의 수영복은 일대 혁명을 일으켰다. 불편하기 짝이 없는 수영복이 기록 단축에 1등 공신이 되면서 '마법의 수영복'이라 불렸다. 그 마법엔 역설적인 비밀이 숨어 있었다. 바로 '불편함'이었다. 신체를 자유롭게 하는 대신 '압박'함으로써 몸의 굴곡을 줄이고 물의 저항을 최소화했다.

그동안 수영복 업체들은 착용감을 개선하는 데 초점을 맞춰왔으나 스피도는 이를 뒤집은 것이다. 스피도의 개발 책임자인 제임스 랜스는 "우리는 F1(자동차 경주) 출전용 경주차를 만든 것"이라고 비유했다. 경주용 자동차에 중요한 것은 오직 속도뿐이다. 반면 다른 수영복 업체들은 승차감 좋은 '고급 세단'을 만들려 했다.

샘 월튼(Sam Walton) 월마트 창업회장은 "만약 모든 사람이 똑같은 방법으로 일하고 있다면, 정반대 방향으로 가야 틈새를 찾아낼 기회가 많다"고 했다.

　다른 IT기업들이 제품의 '기능'을 강조하는 전략을 펼 때, 애플은 편의성과 감성을 중시하는 전략을 폈다. 이것이 아이팟에 이어 아이폰, 아이패드로 선풍적인 인기를 끌고 있는 애플의 비결이다. 그들은 오직 고객에게 집중해 고객의 요구에서 가능성을 찾은 결과, 기회를 발견할 수 있었다.

제3부

See The Unseen

어떻게 해야 제대로 볼 수 있는가?

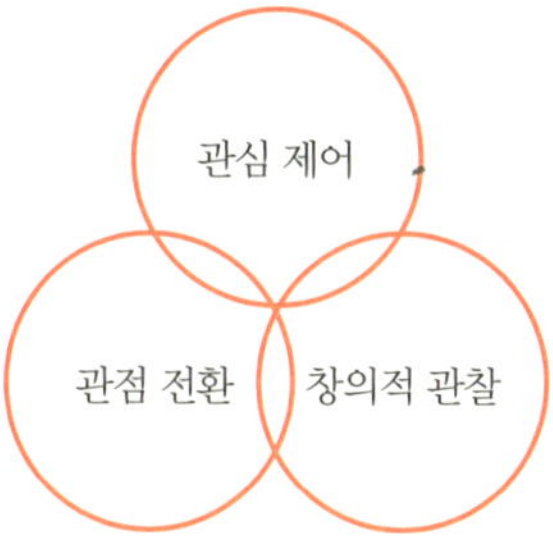
관심 제어
관점 전환
창의적 관찰

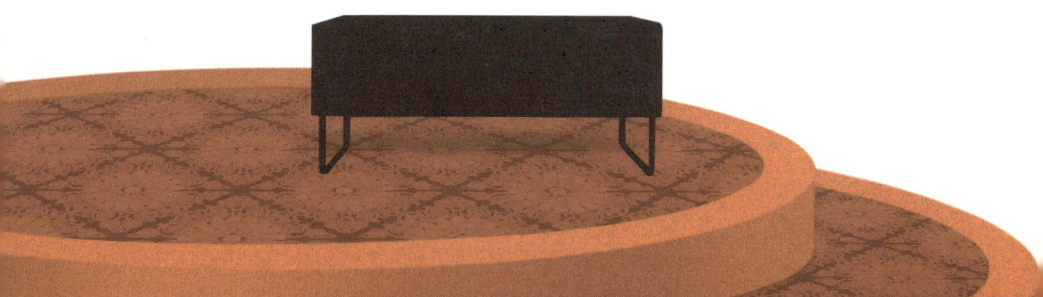

See The Unseen

관심을
제어하라

난 알고 싶어요. 매일매일이 아름답지 않을 때도 당신은 그 속에서 아름다움을 볼 수 있는지 그리고 그 아름다움에서 자신의 생명의 원천을 얻을 수 있는지. —**오리아 마운틴 드리머**

탐욕이 마음의 눈을 멀게 한다

탐욕에 눈이 멀면 자신밖에 보이지 않는다. 그래서 다가오는 위험을 알아차리지 못하고 해를 입게 된다. 대인관계는 깨지고, 눈앞의 이익만을 추구하게 되면서 본래의 존재 목적은 어디론가 사라져버린다. 현실을 직시하지 못해 제대로 된 전략을 세우지 못하고, 잘못된 의사 결정과 실패를 반복하게 된다. 그러므로 탐욕은 그 무엇보다 경계해야 한다.

어느 날, 가난한 유태인 한 사람이 랍비를 찾아와 말했다.

"랍비님, 제게는 40년 동안이나 가깝게 지낸 죽마고우 한 사람이 있습니다. 그런데 막대한 유산이 굴러 들어온 후부터 그 친구는 아주 다른 사람이 되어버렸습니다. 길에서 만나도 인사는 그만두고 나 같은 사람은 전혀 모르는 체 그냥 지나쳐버립니다. 글쎄, 어떻게 이럴 수가 있습니까?"

랍비는 길게 난 수염을 쓰다듬다가 천천히 입을 열었다.

"이리로 오게. 창밖을 보게나. 무엇이 보이지?"

유태인 남자가 대답했다.

"나무가 보입니다. 나무 한 그루가 더 보입니다. 아이들이 놀고 있군요. 남자들이 모여 무슨 일을 하고 있습니다."

"그런가? 그러면 이번에는 이 거울 앞에 서서 거울 안을 들여다보게나. 무엇이 보이지?"

"저 외에는 보이는 것이 없습니다."

"그런 것이라네. 사람이 돈이 없을 동안은 창밖을 내다보는 것과 같이 무엇이나 잘 보이지만, 웬만큼 돈이 생기면 거울을 보는 것과 같이 자기 외에는 아무것도 보이지 않는 것이라네."

탐욕은 자기 이익에 지나치게 관심을 쏟을 때 생긴다. 자신의 '이익'에 관심을 쏟는 만큼 자신의 '존재 목적'에 관심을 기울인다면 탐욕의 올무에서 벗어날 수 있다. 즉 '기대하는 것'에 관심을 쏟는 것과 마찬가지로 '기여하는 것'에도 관심을 기울여야 한다.

이익을 보면 의를 생각하라

마쓰시타는 "작고 사소한 일은 '이익'이라는 기준에 따라 옳고 그름을 가르면 된다. 다시 말해 이해득실을 따져 의사 결정을 하면 된다. 하지만 중요한 일은 단순한 이해득실로 의사 결정을 해서는 안 된다. 크고 중요한 일은 이해관계를 떠나서 '무엇이 올바른가?'라는 기준에 따라 결정을 내려야 한다"라고 했다.

모든 의사 결정의 기준이 이익이 되어서는 곤란하다. 탐욕에 눈이 멀면 결국엔 그 화가 자신에게 미친다. 성공하는 리더가 되려면 '이익을 보면 의를 생각한다'는 '견리사의(見利思義)'의 정신을 마음 깊이 새겨둘 필요가 있다. 자신의 이익에만 관심을 기울인 나머지 존재 목적을 소홀히 여겨서도 안 되며, 결과에만 관심을 기울인 나머지 과정을 소홀히 여겨서도 안 된다.

영국 계몽사상가 제임스 앨런(James Allen)은 "순수한 사람은 항상 자신의 에너지를 더 온화한 마음으로, 더 명확하게, 더 강력한 목적의식에 따라 사용하며 자신의 길을 밟아 나가기 때문에 아주 쉽게 승리를 손에 쥐는 일이 적지 않다"라고 했다. 목적과 동기의 순수함을 유지하는 것이 오히려 성공에 이르는 지름길임을 지적한 말이다. 사람은 순수할 때 더 명확해지고 더 강력해진다.

그러므로 탐욕의 올무에서 벗어나 순수한 목적의식에 충실하려면 첫째, 사실을 있는 그대로 바라보아야 한다. 자기 이익에 집착하는 사람의 마음속에는 불안과 두려움이 자리 잡게 된다. 불확실한 미래를 내다볼 때도 경이로움보다는 두려움이 앞선다. 그 때문에 안정을 갈망하며 자기 이익에 집착하는 것이다. 그러므로 자기 내면을 들여다보고, 현실 인식을 왜곡하는 내부 요소가 무엇인지 먼저 알아차려야 한다. 더불어 자신에게 주어진 유무형의 자원들을 살피고 마음의 평안과 감사하는 마음을 먼저 회복해야 한다.

둘째, 객관적으로 바라보아야 한다. 자기 자신을 객관적으로 평가해보라. 조직과 공동체에 꼭 필요한 존재인지, 얼마나 기여를 하고 있는지 냉철하게 판단해야 한다. 그리고 기여하는 존재로서 살아가야 한다. 자신의 존재 목적과 순수한 동기를 재인식하고, 자신과 조직, 공동체가 더불어 상생할 길을 찾고 기여하는 데 주력하라.

셋째, 장기적인 관점에서 바라보아야 한다. 단기적인 성과도 필요하다. 그러나 단기적인 성과에만 집착하면 그것이 오히려 독이될 수 있다. 길게 바라보고 미래를 준비해야 한다. 눈에 보이지 않는 메타성과, 과정, 사람들과 맺는 관계에 관심을 기울여야 한다. 그리고 크고 중요한 일을 결정할 때일수록 '무엇이 이익인가?'보다는 '무엇이 올바른가?'에 초점을 맞춰야 한다.

궁극적인 목적에 관심을 집중하라

미국에서 처음으로 철도를 깐 앤더슨 쿠피가 미국 서부 철도회사 사장으로 부임하여 현장을 순시하고 있었다. 그런데 새로 부임한 사장을 환영하던 직원 가운데 수염이 덥수룩한 사람이 사장의 손을 덥석 잡으며 말했다.

"여보게 앤더슨, 날세. 자네와 나는 20년 전 텍사스에서 하루 5달러를 벌기 위해 같이 일했었지. 정말 반갑네."

앤더슨 사장도 그를 알아보고는 반가이 포옹했다. 그러곤 이렇게 말했다.

"그런데 말이야, 20년 전에 자네는 5달러를 벌기 위해 일했는지 모르지만, 나는 온전히 철도를 위해 일했다네."

일을 하는 목적과 동기는 여러 가지가 있을 수 있으나 중요한 것은 '궁극적인 목적'이다. 돈은 수단이지 목적으로 삼을 것은 아니다. 개인이나 조직이 이윤을 추구하는 것이 잘못은 아니다. 하지만 이윤 추구를 궁극적인 목적으로 삼아서는 안 된다.

넥슨의 카트라이더 개발실장은 "게임을 개발할 때 뭘 만들어야 할지보다는 돈을 벌어야겠다는 생각부터 한 적이 있다. 그러나 돈을 벌겠다는 게 목표가 되면 이상하게 돈을 벌 수가 없었다. 오히려 많은 사람들에게 즐거움을 줘야겠다는 생각을 하고 어떻게 하면 즐거움을 줄까만 고민했더니 대박이 터졌다"라고 말했다.

개인과 조직이 진정으로 추구해야 할 목표는 '고객을 감동시킬 가치를 창출하는 것'이어야 한다. 어떻게 해야 사람들에게 행복을 선사할 수 있는지, 어떻게 해야 사람들에게 감동과 기쁨을 줄 수 있는지, 이 궁극적인 목적에 모든 관심을 기울여야 한다.

사랑의 전략과 기술에 관심을 집중하라

〈심청가〉에는 "한 번밖에 없는 인생, 돈의 노예가 되지 마라. 지금 하고 있는 일이 너의 인생이다. 지금 하고 있는 일에 최선을 다하는 자는 영화를 얻는다"는 구절이 있다. 돈보다는 자신의 궁극적인 목적을 추구하며, 자기 분야에서 새로운 가치를 창출하는 데 집중해야 한다. 고객에게 행복을 선사할 전략과 기술에 관심을 집중해야 한다.

로스앤젤레스에서 차로 2시간 정도 떨어진 곳에 팜스프링스가 있다. 사막 가운데 200여 개의 골프장을 짓고, 그 안에 주택을 분양해서 전원도시를 형성한 이곳은 미국의 은퇴자들이 가장 살고 싶어 하는 도시 중의 하나다. 그런데 이 도시에는 가로등이 없다. 사막에서 가장 경쟁력 있는 관광 상품이 밤하늘의 별빛인데, 가로등을 켜면 별빛의 선명도가 떨어지므로 시의회에서 가로등을 없애기로 결정했기 때문이라고 한다.

"보리 한 줌 움켜쥔 이는 쌀가마를 들 수 없다"는 속담처럼, 작은 가치를 버리지 못하면 큰 가치를 얻기 어렵다. 새로운 가치를 창출하고 자신의 궁극적인 목적을 실현하기 위해서는 작은 가치나 돈에 대한 집착을 버려야 한다. 집착에서 벗어나야 자유로워지고 마음이 가벼워진다. 이렇게 마음의 짐을 가볍게 해야 최상의 행복을 경험할 수 있고, 자유로운 마음으로 궁극적인 목적에 몰입할 수 있다. 자유와 몰입의 균형을 유지할 수 있는 것이다.

그러므로 궁극적인 목적에 관심을 집중하기 위해서는 첫째, 돈에 대한 집착을 버려야 한다. 아일랜드의 작가 오스카 와일드(Oscar Wilde)는 "부자들보다 돈에 대해 더 많이 생각하는 사람들은 가난뱅이들이다"라고 했다. 부자들은 돈에 초연하기 때문에 더 부자가 된다. 돈에 집착하면 할수록 통제력을 잃게 되고 일을 그르치게 된다.

둘째, 스스로를 관찰해야 한다. 관심의 초점이 어디에 있는지 수시로 관찰하라. 자신이 의도하는 목표와 전략에 관심을 기울이고 있는지, 아니면 다른 무언가에 관심을 빼앗기고 있는지 살펴보라. 사행심을 자극하는 광고나 제안, 불건전한 오락이나 게임 등에 유혹당하거나 휘둘리는 일이 없도록 주의하라.

셋째, 마음의 중심을 잡아야 한다. 마음이 흐트러지거나 쓸데없는 관심이 생길 때 마음을 다잡아 순수성과 목적의식을 회복하라.

비전을 떠올리며 자신의 의식을 궁극적인 목적에 집중하라. 축구 선수가 공을 드리블하며 코너로 가다가도 골대 앞으로 센터링을 하듯이, 궁극적인 목적에 집중하며 마음의 중심을 잡아야 한다. 자기 의식의 흐름과 감정의 변화를 살펴보면서 깨닫고 느낀 것들을 일기나 글로 정리하는 것이 좋다. 글을 쓰다 보면 질서가 잡히고 정리가 될 뿐만 아니라, 감정을 발산하는 효과도 있어서 내면의 건강과 성장에도 큰 도움이 된다. 일기 쓰기는 자신을 더욱 깊이 알아가고 자신의 존재 목적대로 살아가기 위해서 꼭 필요한 일이다. 시간이 없다고 핑계 대지 마라.

자기 집착을 버려라

애벌레가 나비에게 물었다.

"어떻게 하면 나비가 되죠?"

"날기를 간절히 원하면 돼. 하나의 애벌레로 사는 것을 기꺼이 포기할 만큼 간절하게."

"그럼, 죽어야 한다는 뜻인가요?"

"음, 그렇기도 하고 아니기도 하지. 겉모습은 죽은 듯이 보여도 참모습은 여전히 살아 있단다. 삶의 모습은 바뀌지만, 목숨이 없어지는 것은 아니야. 나비가 되어보지도 못하고 죽는 애벌레들하고는 다르단다."

작가 트리나 포올러스(Trina Paulus)의 『꽃들에게 희망을』의 일부분이다. 서로 짓밟고 짓밟히며 어디론가 끊임없이 기어오르는 애벌레들. 자기 자신만 생각하며 치열하게 경쟁하는 인간들의 모습과 흡사하다. 성공하는 리더가 되려면 애벌레의 옛 모습을 버리고 나비로 거듭나는 생명의 몸짓을 해야 한다.

헤르만 헤세(Hermann Hesse)의 소설 『데미안』에는 "새는 알을 깨고 나온다. 알은 새의 세계다. 태어나려는 자는 한 세계를 파괴하지 않으면 안 된다. 새는 신을 향해 날아간다"라는 글이 있다. 알을 깨는 것은 창조적 파괴이며, 새로운 도약을 위한 버림이다. 자기만의 세계를 버리는 것이다. 우물 안 개구리가 우물 밖으로 나아가는 것과 같다. 자신의 한계와 자기 보호막을 벗어던지고 새로운 세계로 나아가는 것이다. 그 창조적 파괴, 건설적 버림만이 사람을 거듭나게 하고, 관점을 변화시킨다. 그래야 모든 것이 새롭게 보이기 시작하며 모든 것을 제대로 볼 수 있다.

대접받고자 하는 대로 대접하라

벤저민 프랭클린은 자신이 깨우친 인생의 진리를 이렇게 전한다. "나 자신만을 생각할 때는 나를 위해 일하는 사람이 나 혼자뿐이었다. 그러나 내가 다른 사람을 위해 일하기 시작한 뒤로는 다른 사람도 나를 위해 일해주었다."

'대접받고자 하는 대로 대접하라'는 황금률대로 사는 사람은 사랑의 이치를 깨달은 사람이다. 남을 이롭게 함으로써 자신에게도 이익이 된다는 '자리이타(自利利他)'의 이치를 깨닫고, 의를 앞세우면 이익은 따라온다는 '선의후리(先義後利)'를 실천하는 사람이다. 그래서 또 고객을 섬기고 서비스를 강화하여 더 많은 고객이 찾아오게 만든다.

다른 이들과 관계를 맺으며 존재하는 법을 터득해야 한다. 자신이 원하는 것을 손에 넣으려는 노력을 멈추고 다른 사람들이 원하는 것을 얻을 수 있도록 도울 때, 더 큰 기쁨과 경제적 성공을 거둘 수 있다.

노자는 "깨달은 자는 빛나지 않으려 하기 때문에 빛나고, 자신을 돌보지 않기 때문에 존경받으며, 자신을 위해서는 아무것도 원치 않기 때문에 성공을 거두고, 내세우지 않기 때문에 권력이 있고, 대항하지 않기 때문에 그 누구도 그에게 맞서지 않는다"라고 이 버림의 미학을 강조했다.

이 역설적 진리를 깨닫고, 자기 집착에서 벗어난 이야말로 지혜로운 사람이다. 지혜로운 사람이 성공하는 것은 어쩌면 당연하다. 손에 움켜쥔 것은 물론 하나밖에 없는 목숨까지도 비전을 위해 기꺼이 버리고자 하는 사명감 있는 사람이 더 큰 성취를 이루는 것은 자연스러운 일이다.

『성경』은 "내가 진실로 진실로 너희에게 이르노니 한 알의 밀이 땅에 떨어져 죽지 아니하면 한 알 그대로 있고 죽으면 많은 열매를 맺느니라 자기의 생명을 사랑하는 자는 잃어버릴 것이요 이 세상에서 자기의 생명을 미워하는 자는 영생하도록 보전하리라"(요한복음 12:24-25)라고 전한다.

자기 집착을 버리고, 자신의 삶과 경영을 통해 조직과 공동체의 비전이 꽃을 피우고 열매 맺도록 하기 위해서는 다음 세 가지 집착을 버려야 한다.

첫째, 자기 필요에 대한 집착을 버려야 한다. 자신을 목적으로 삼지 않고 수단으로 삼을 때 더 큰 행복을 누리고 성공을 거둘 수 있다. 고객이 원하는 것을 얻을 수 있도록 도울 때 자신이 원하는 것이 채워진다. 자기가 필요한 것에 대한 집착을 버리고 고객의 필요와 요구에 더 집중하라.

둘째, 자기 의견에 대한 집착을 버려야 한다. 자기가 내놓은 의견에 대한 집착을 버리고 더 나은 의견을 찾기 위해 소통하라. 자기 입장과 자기중심적인 생각에 매몰되지 말고 다른 사람의 의견을 경청하라. '누가 옳은지'보다는 '무엇이 옳은지'에 집중하라.

셋째, 자기 방식에 대한 집착을 버려야 한다. 환경이 바뀌면 방식도 바뀌어야 한다. 그동안 해왔던 자기 방식을 고집하지 말고 유연하게 대응하라. 검은 고양이든 흰 고양이든 쥐만 잘 잡으면 된다. 본질과 원리에 집중하면서 현실적으로 무엇이 최선인지를 생각하라.

눈에 보이는 것을 통제하고 관리하라

사람들은 관심 있는 것을 보게 마련이지만, 반대로 눈에 보이는 것에 관심이 쏠리기도 한다. 보이는 것에 내면의 무의식적인 관심이 자극을 받아 새로운 관심이 생기는 것이다. 눈에 보이는 것이 그 사람의 관심을 유지시키기도 하고 변화시키기도 한다. 즉 눈에 보이는 것이 관심에 영향을 미치고, 관심은 사고와 행동에 영향을 끼치며, 이것이 반복되면 생활습관에도 영향을 준다.

호프집이 두 군데 있었다. 그중 한 집은 거의 벌거벗은 모습으로 맥주를 들이켜는 난잡한 그림으로 온통 도배가 되어 있었고, 다른 한 집은 바닷가 언덕 위에 아름다운 전원주택이 있는 고상한 그림들로 장식되어 있었다.
이 두 호프집은 인접해 있었고 비슷한 시기에 문을 열었다. 그런데 난잡한 그림으로 도배한 집은 그 주인의 품행 또한 난잡해져 얼마 가지 않아 문을 닫게 되었고, 고상한 그림으로 장식한 호프집은 꾸준히 번창하여 상당한 돈을 모아 3년 정도 지나자 벽에 붙어 있는 그림과 같은 바닷가 언덕 위에 하얀 집을 장만할 정도가 되었다.

눈은 마음의 창이다. 눈을 통해서 모든 것이 들어오고 나간다. 좋은 것을 보면 좋은 마음이 생기고, 나쁜 것을 보면 나쁜 마음이 생긴다. 한번 눈으로 본 것은 72시간 동안 머릿속에 남으며, 잠재의식에 남아 사고에 영향을 끼친다. 그래서 무엇을 보느냐가 중요하다.

그러므로 눈에 보이는 대로 다 볼 것이 아니다. 필터링을 해야 한다. 작가 앙드레 지드(Andre Gide)는 "익숙한 해변에서 눈을 뗄 용기가 없다면 새로운 대륙을 발견할 수 없다"라고 했다. 필요하다면 의도적으로 눈에 보이는 것들을 통제하고 관리해야 한다. 그리고 긍정적인 것들을 눈에 띄는 위치에 놓아두고 관심을 유도해야 한다. 어떻게 해서든 바라보아야 할 것을 바라보는 것이 마음을 다스리는 지혜다.

시각적 효과를 활용하여 관심을 관리하라

자기 분야에서 탁월한 성과를 거두고 싶다면 시간과 에너지를 낭비하게 하는 것들을 눈앞에서 치워버려야 한다. 바라볼 가치가 없는 것은 아예 안 보는 것이 현명하다. 아무짝에도 쓸모없는 일시적이고 충동적인 관심을 불러일으킬 만한 것들이나 정신을 피폐하게 하는 것들은 눈앞에서 완전히 제거하는 것이 좋다. 좋은 것만 보고, 듣고, 생각하기에도 인생은 너무나 짧기 때문이다.

벤저민 프랭클린은 "나는 훌륭한 능력을 가진 인간이 좋은 계획을 세우고, 관심을 뺏길 만한 오락거리나 다른 일을 배제하고, 자신이 세운 계획을 충실히 실천한다면, 인류에게 위대한 변화를 일으키고 위대한 일을 해낼 수 있다고 믿는다"라고 했다.

그래서 비전이 중요하다. 비전을 성취해가는 사람은 모든 관심을 비전에 집중한다. 비전을 마음의 눈으로 바라보고, 그것을 시각적 이미지나 사진으로 만들어 눈에 보이는 곳에 걸어두고, 그 비전과 관련된 일에만 몰두한다. 불필요한 관심은 자제하고 통제하는 여과 과정을 거친다. 가치 있는 일을 이루기 위해서는 시간과 에너지를 헛되이 낭비해서는 안 된다는 것을 잘 알기 때문이다.

테펜이라는 일식당은 종업원을 뽑는 유일한 기준이 '장차 경영자가 되고 싶은 꿈이 있는가?'인데, 그들은 꿈을 적은 카드를 식당 벽에 붙여놓는다고 한다. 테펜이 '독립을 위한 수련의 장'이라는 것을 종업원들이 잊지 않도록 하기 위해서다.

일본 최초의 벤처 경영인으로 유명한 호리바 마사오(堀場雅夫)가 경영하는 호리바 제작소 본사에 가면 엘리베이터 벽면이나 바닥 카펫에도 "재미있고 즐겁게"라는 사훈이 쓰여 있는데, 이 말은 전 세계 5500명 호리바 직원들의 DNA로 자리 잡았다고 한다. 이처럼 눈에 보이는 것은 뇌리에 각인되는 효과가 있다.

포스코의 비주얼 경영도 눈여겨볼 만하다. 포스코 직원들은 매일 아침 그룹별로 VP(Visual planning) 보드 앞에 모인다. VP 보드는 모든 업무가 눈에 들어오도록 만든 업무 현황판이다. 목표와 진행 과정이 눈에 보이면 코칭과 피드백을 받을 수 있기 때문에 원하는 결과를 쉽게 얻을 수 있다고 한다.

그러므로 중요한 일에 관심을 집중하기 위해서는 다음과 같은 것들이 항상 눈에 띄도록 하는 것이 좋다. 첫째, 자기 존재를 인식하도록 하는 것이다. 자신을 더욱 자기답게 하는 것을 말한다. 자존감을 느끼게 하거나 자신감을 불러일으키는 것이다. 자신이 소중히 여기는 가치나 행동 원칙을 기억나게 하는 것, 자신의 강점과 자신의 역할을 인식하게 하는 글이나 사진, 물건을 눈에 띄는 곳에 두어라.

둘째, 자기 고객을 인식하도록 하는 것이다. 자신의 존재 목적과 관련된 것을 말한다. 사명감을 느끼게 하거나 열정을 불러일으키는 것이다. 조직과 공동체의 모습 혹은 고객의 필요나 욕구를 느끼게 하는 이미지나 사진을 눈에 띄는 곳에 두어라.

셋째, 자기 목표를 인식하도록 하는 것이다. 자신이 궁극적으로 얻고자 하는 것을 말한다. 무엇이 중요한지를 인식하게 해주고 열정을 이끌어낼 수 있는 것이다. 도전의식을 자극하는 미래의 한 가지 목표나 목표와 관련된 것, 목표 달성 현황이나 전략 수립과 관련된 것 등을 눈에 띄는 곳에 두어라.

쓸데없는 일을 버려라

한 병사가 날마다 바닷가 초소에서 충실하게 보초를 섰다. 그러던 어느 날, 지나가던 사람이 병사에게 그곳을 지키는 이유가 무엇인지 물었다. 그러자 병사가 대답했다.

"모르겠습니다. 그냥 명령대로 할 뿐입니다."

그러자 지나가던 사람은 그 병사의 상급자를 찾아가 초소에 보초를 세우는 이유가 뭐냐고 다시 물었다. 상급자 역시 "우리는 명령대로 할 뿐입니다"라는 똑같은 대답을 했다.

부대장에게 가서 물어도 대답은 똑같았다. 문득 궁금증을 느낀 부대장은 참모들을 불러 똑같은 질문을 했고, 드디어 그 이유가 밝혀졌다. 10여 년 전, 바닷가 의자에 페인트칠을 했는데 그것이 마를 때까지 사람들이 앉지 못하도록 보초를 세웠다는 것이다. 하지만 그 의자는 없어진 지 이미 오래되었다.

지금 하고 있는 일이 어떤 의미와 목적이 있는지 생각해보지 않으면 이와 같은 일이 벌어진다. 조직을 방만하게 운영하는 기업에는 이런 일들이 많다. 이런 조직은 역량을 한 방향에 집중하지 못하고, 시장의 변화와 고객의 요구에 대응하는 속도가 떨어질 수밖에 없다.

중국 속담에 "바지를 벗고 방귀를 뀐다"는 말이 있다. 쓸데없는 일을 하는 것'을 일컫는 말이다. 시간과의 싸움이 치열하게 벌어지는 삶과 경영 현장에서 성과와 영향력을 극대화하려면 쓸데없는 활동과 일을 과감하게 제거해야 한다. 그래야 관심을 집중할 수 있다.

『하버드 비즈니스 리뷰』는 "관리자의 90퍼센트가 조직이 선택한 주요 목표에 집중하지 못한다. 그들은 비생산적인 분주함(Busyness) 때문에 중요한 기업(Business) 활동을 못하고 있다"라고 지적했다.

사람들이 분주한 이유는 하지 않아도 되는 일을 끌어안고 있기 때문이다. 분주하면 핵심에 집중하지 못하고, 핵심 가치의 질이 떨어진다. 그러다 결국엔 성과가 떨어진다. 그러므로 지금 하고 있는 일이 어떤 의미가 있는지, 궁극적인 목적은 무엇인지를 생각해보아야 한다.

지혜란 무엇을 간과해야 하는지를 아는 기술이다

쓸데없는 변론이나 급하지 않은 일은 내버려두고 다스리지 말아야 한다. 중요하지 않은 일에는 절대 신경을 쓰지 말아야 한다. 자기 비전과 상관없는 일은 그 자체로 가치가 있는 일이라 할지라도 과감하게 버리는 것이 좋다.

일본 시세이도의 마에다 신조(前田真三) 사장은 100개가 넘던 브랜드를 핵심 브랜드 6개로 줄였다. 너무 많은 브랜드는 인건비와 판촉비 등으로 회사의 짐이 된다고 판단했기 때문이다. 이해관계가 걸린 부서들의 반발도 있었지만 핵심 브랜드에 마케팅 비용을 집중하자 머지않아 각 브랜드가 분야별 1위로 올라섰다.

꿀벌은 파리처럼 여기저기 기웃거리지 않는다. 꿀벌은 꽃만 찾아다닌다. 미국의 심리학자이자 철학자인 윌리엄 제임스(William James)는 "지혜란 무엇을 간과해야 하는지를 아는 기술"이라고 했다. 쓸데없는 일을 버리는 것은 자신의 목표에 관심을 집중하는 방법이다. 밭에 자라는 잡초를 제거하는 가장 좋은 방법은 그 밭에 기르고 싶은 식물을 가꾸는 것이다. 핵심이 되는 일에 관심을 집중하고 그 일을 우선적으로 하다 보면 쓸데없는 일은 저절로 버려진다.

쓸데없는 일을 버리고 목표에 집중하기 위해서는 첫째, 꼭 알아야 하는 것에 집중해야 한다. 몰라도 되는 것에는 신경 쓰지 마라. 모든 것을 다 알 필요는 없다. 정보나 지식에도 다이어트가 필요하다. 자신의 목표와 관련된 지식과 정보를 습득하는 데 집중하라.

둘째, 꼭 해야 하는 일에 집중해야 한다. 안 해도 되는 일에는 신경 쓰지 마라. 모든 것을 다 할 필요는 없다. 지금 하는 일이 어떤 의미와 목적이 있는지 먼저 생각하고, 목표와 관련 있는 일에 집중하라.

셋째, 꼭 필요한 것에 집중해야 한다. 없어도 되는 것에는 신경

쓰지 마라. 모든 것을 다 가질 필요는 없다. 원하는 것이 아니라 필요한 것에 관심을 두고, '소유 양식'이 아닌 '존재 양식'의 삶을 회복하라.

See The Unseen

관점을
전환하라

내면적으로든 외형적으로든 당신이 보는 것은 바꿀 필요가 없다. 다만 보는
방식을 바꾸면 된다. ─**다데우스 골라스**

다양한 관점에서 바라보는 능력을 키워라

소에게 풀을 뜯게 해놓고 한숨 늘어지게 자고 난 똘이는 아연실색하
지 않을 수 없었다. 소가 인색하기로 소문난 최 영감네 콩밭에 들어
가 마구 짓밟고 뜯어 먹은 것이다. 똘이는 고심 끝에 묘안이 떠오른

듯 최 영감 댁으로 달려갔다.

"할아버지, 할아버지네 소가 우리 콩밭에 들어가 콩을 마구 뜯어 먹고 콩밭을 못쓰게 만들었어요."

"아니 소가 콩을 좀 뜯어 먹었기로서니 이웃 간에 뭐 그리 야단이냐. 그리고 소가 뜯어 먹었으면 똥오줌을 싸놓았을 테니 거름으로 갚았겠구나."

"참, 그러네요. 할아버지! 근데 제가 잘못 말씀드렸어요. 우리 소가 할아버지네 콩밭에 들어갔어요."

"……."

처지가 바뀌면 얘기가 달라진다. 이해관계에 따라서 관심의 크기나 반응이 달라지는 것은 인지상정이다. "남의 염병이 내 고뿔만 못하다"는 속담처럼, 남의 괴로움이 아무리 크다 해도 자기의 작은 괴로움에 더 마음이 쓰이는 법이다. 이러한 차이를 극복하고 지혜롭게 처신할 수 있는 유일한 방법은 '관점을 전환하는 것'이다.

사람의 관점은 매우 상대적이며 제한적이고 편향적일 수밖에 없다. 그렇지만 어떤 상황에 최적으로 대응하기 위해서는 다양한 관점에서 바라보고 종합적으로 판단하는 능력이 필요하다. 그러지 않으면 '장님이 코끼리 만지는 식'이 된다. 자기 처지 혹은 한 가지 관점에 매몰되거나, 단편적으로 드러난 사실에만 의존해 판단하고 대응하면 심각한 어려움이나 위험에 빠질 수도 있다.

인지상정을 무시하지 마라

중국 전국시대 제나라의 재상인 맹상군은 한때 식객 3000명을 거느렸지만, 권세를 잃자 모든 식객이 그를 떠나갔다. 그러다가 그가 다시 권세를 잡자 식객들이 몰려오기 시작했다. 그때 맹상군이 식객 풍환에게 말했다.

"내가 저들을 정성스럽게 대했건만 내가 힘을 잃자 저들은 본체만체하고 떠나가버렸습니다. 오직 선생만이 나를 도와 왕을 설득하여 나의 지위를 회복시켜주셨습니다. 저들은 후안무치한 자들입니다. 나는 저들이 오면 얼굴마다 침을 뱉어줄 것입니다."

풍환이 말에서 내려 맹상군에게 절을 했다.

맹상군이 답례한 다음 물었다.

"선생께서는 왜 저에게 절을 하십니까? 혹시 저들을 대표하여 저에게 사죄하는 것입니까?"

"아닙니다. 군께서 크게 잘못 생각하시는 것이 있어서 감히 지적하고자 절을 올린 것입니다."

"말씀해보십시오."

"군께서는 혹시 세상에는 '당연히 그러한 법칙'이 있다는 것을 아십니까?"

"제가 배움이 적어 모르니 가르쳐주십시오."

"군께서는 아침에 시장 통으로 가는 사람들을 보셨겠지요. 그들은 누가 시키지 않았는데도 시장을 향해 벌 떼처럼 달려갑니다. 그러나 시장이 파한 다음에는 시장에서 사람을 찾아보기 어려운데, 바로 이것이 사람들의 당연히 그러한 법칙입니다. 사람들이 아침에 시장을 향해 몰려가는 것은 거기에 그들에게 기대할 만한 것이 있었기 때문이고, 저녁때 시장을 쳐다보지 않는 것은 거기에 그들에게 기대할 만한 것이 없기 때문입니다. 사람은 이익을 추구하는 존재입니다. 군께서는 아직껏 그것을 모르고 계셨습니까?

이 당연한 법칙에 따라 그들이 시장을 향해 가거나 가지 않는 현상이 나타납니다. 그리고 그와 동일한 법칙에 따라 군께서 권세를 가졌을 때 군에게 빈객들이 밀물처럼 몰려왔고, 군께서 권세를 잃으시자 빈객들이 썰물처럼 빠져나갔습니다. 이것은 사람의 당연한 법칙으로서 지혜로운 자는 그런 일에 힘을 낭비하지 않습니다.

그런데도 군께서는 쓸데없이 이 당연한 법칙과 다투고 계십니다. 이것은 현명한 사람이 취할 태도가 아닙니다. 저는 군께서 이 점을 헤아리시어 빈객들을 웃으며 맞으시기를 기대합니다."

맹상군이 풍환에게 절을 한 다음 말했다.

"말씀을 듣고 나니 제 눈앞이 환해졌습니다. 삼가 선생의 가르침을 따르겠습니다. 제가 비록 어리석습니다만 그런 극진한 말씀을 듣고 어찌 따르지 않을 수 있겠습니까?"

세상에서 가장 어두운 곳은 어리석은 사람의 내면이다. 그곳은 지혜의 불이 꺼진 상태, 혼돈과 공허의 상태다. 분별력이 떨어져 착각과 오해를 하고, 악하고 더러운 생각의 곰팡이들도 피어난다.

그러나 지혜로운 사람은 세상의 당연한 법칙과 다투지 않는다. 인지상정을 알고 상대방의 처지를 이해한다. 다양한 관점에서 바라보고, 한 차원 높은 곳에서 바라본다. 그래서 불필요하게 힘과 에너지를 낭비하지 않는다.

다양한 관점에서 바라보는 능력을 키우기 위해서는 창의적으로 상상력을 발휘하는 다음과 같은 훈련이 필요하다.

첫째, 인지상정을 알기 위한 훈련이다. 인지상정은 사람이면 누구나 가지는 보통의 마음이다. 자기 마음을 들여다보면 상대의 마음도 보인다. 자기관찰과 더불어 사람들의 마음도 살피고, 그들이 생각하고 행동하는 방식을 살펴보라. 세상이 돌아가는 이치와 존재하는 방식을 알 수 있을 것이다.

둘째, 입장을 바꿔보는 훈련이다. 상대방과 처지를 바꾸어 생각해보는 역지사지(易地思之)를 익혀라. 상대방의 오른쪽은 나의 왼쪽이다. 상대방의 입장에서 생각해보면 새로운 면을 볼 수 있고, 나와 상대방의 차이를 이해할 수 있다.

셋째, 시간과 장소를 초월해서 생각해보는 훈련이다. 하나의 상

황을 시간을 초월하여 과거와 현재, 미래의 관점에서 생각해보고,
장소를 초월하여 다른 지역이나 위치에서 생각해보라. 그 상황을
이해하는 전혀 새로운 관점을 얻을 수 있다.

목적을 고려한 관점에서 바라보라

TV 프로그램 〈도전! 골든벨〉에는 참가 학생이 학교를 자랑하는 순서가 있다. 사회자가 아쉬운 점도 말해보라고 하자, 학생이 학교 강당을 사용하는 시간을 통제하는 것이 아쉽다고 대답했다. 평소에 강당을 잠가두었다가 청소 시간에만 연다는 것이다. 강당이 학생을 위해서 존재하는지, 학생이 강당을 위해서 존재하는지 모르겠다고 불평하듯 말하자, 듣고 있던 모든 학생들이 공감의 환호성을 질렀다.

이는 사용해야 할 도구를 모셔두고 있는 꼴이다. 삶과 경영 현장에서 이와 비슷한 일들이 많이 벌어지는 이유는 목적을 고려한 관점을 놓치기 때문이다. 수단이 목적을 대체하기 시작하면 비극이 시작된다. 그러므로 절대 놓쳐선 안 되는 것이 일의 목적이고 본질이다. 매 순간, 이 목적을 고려한 관점에서 바라보고자 하는 결연한 의지를 보일 때 수단의 가치는 더욱 빛을 발하게 된다.

분명한 목적의식을 가지고 기꺼이 나설 때 바람직한 행동 사이클이 시작된다. 그리하여 명확한 의도 아래 목표를 설정하고 행동하여 결과를 만들어내는 것이다. 즉 '존재의식(자존감) → 목적 → 의도 → 목표 → 행동 → 결과'로 연결되는 선순환 과정을 거치게 된다.

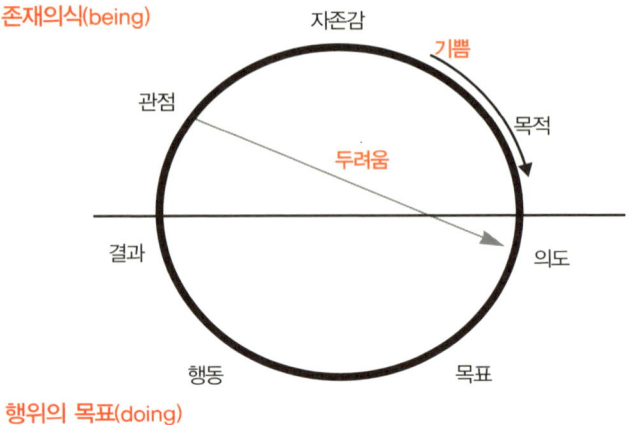

존재의식(being)　　　　　자존감

기쁨

관점　　　　　　　　　　목적

두려움

결과　　　　　　　　　　　의도

행동　　　　　목표

행위의 목표(doing)

〈행동 사이클〉

　그런데 외부의 강요나 두려움 때문에 일을 시작할 때는 자발성
이 결여되어 일 자체에서 기쁨을 느낄 수 없다. 일의 목적과 의미
는 상실되고 오직 목표만 있다. 이 경우에는 수단이 목적으로 변
질되기 쉽고, 자기 편리함과 이익에 집착하게 된다. 조직 안에서
협력해야 할 대상과 경쟁하며 승부욕에 빠지기도 한다. 그러다 결
국 고객에게 외면당하게 된다.

바람직한 초심에는 분명한 목적과 원칙이 있다

송나라 재상 범문정이 젊었을 때 이야기다. 일정한 직업도 없이 이곳저곳을 떠돌던 그가 어느 날 길가에 앉아 있는 점쟁이에게 다짜고짜 자신의 운세를 물어보았다.

"내가 이 나라의 재상이 될 수 있을까요, 없을까요?"

갑작스런 젊은이의 질문에 점쟁이는 눈을 껌뻑껌뻑하면서 이리저리 살피더니 말했다.

"음, 자네의 관상으로는 어림도 없네그려."

범문정은 크게 실망했지만 다시 한 번 물었다.

"그럼 의원 노릇이라도 할 수 있겠습니까?"

그러자 점쟁이는 의아하다는 투로 물었다.

"아니, 자네의 희망사항이 어찌해서 금방 재상에서 의원으로 내려앉는가?"

"예, 저는 여하튼 백성을 구하는 일을 하고 싶은데 세상을 살기 좋게 다스리려면 우선 재상이 되어야 할 것이고 그게 안 된다면 세간에서 천하게 여기는 의원이라도 되어 백성들의 고통을 덜어주려고 그럽니다."

이 말에 점쟁이는 빙그레 웃으며 말했다.

"그럼 자네는 결국 재상을 하겠구먼."

범문정이 이 말을 듣고 이상하여 다시 물었다.

"아니 어떻게 금방 변하는 점괘도 있습니까? 좀 전에는 어림도 없다 더니 이제는……."

그러자 점쟁이가 엄숙하게 말했다.

"골상(骨相)이 색상(色相)만 못하고 색상이 심상(心相)만 못하다는 말이 있네. 자네는 골상이나 색상으로 보아서는 재상 근처에도 못 갈 위인이지만 그 넉넉한 심상을 보아하니 결국 재상이 될 거라는 말이네."

어떤 일을 시작할 때는 초심이 중요하다. 바람직한 초심에는 고객을 행복하게 하려는 분명한 목적과 원칙이 있다. 그 목적 자체가 기쁨의 근원이다. 그래서 초심에는 사랑이 있고, 순수함이 있다. 그런데 잘나가던 개인이나 조직도 이 초심을 상실하면 위기가 찾아온다.

도요타의 렉서스가 시장에 처음 출시될 당시 영업점 직원들은 주머니 속에 '렉서스 맹세'를 넣고 다녔다고 한다. "렉서스는 고객 한 분 한 분을 집안의 손님처럼 모시겠다. 우리가 그렇게 할 수 없다고 생각하면 이룰 수 없겠지만, 우리는 할 수 있고, 그렇게 할 것"이라는 내용이 핵심이었다. 만약 도요타가 이러한 초심을 잃지 않았더라면 2010년 초에 미국 시장에서 불거진 도요타 리콜 사태는 훨씬 원만하고 부드럽게 해결되었을 것이다.

목적을 고려한 관점을 놓치지 않기 위해서는 다음과 같은 우선

순위를 항상 기억해야 한다. 첫째, 고객이 우선이다. 자신이 존재하는 이유는 고객이다. 자신이나 조직보다, 경쟁 상대를 누르는 것보다 고객의 필요와 요구가 우선이다. 모든 의사 결정의 방향과 기준은 고객에게 맞추어야 한다. 고객의 기쁨을 먼저 생각하고, 그 기쁨을 자신의 기쁨으로 여겨야 한다.

둘째, 기여가 우선이다. 기대하는 것보다 기여하는 것이 우선이다. 대가로 받는 보상보다 제공하는 가치가 훨씬 클 때 꾸준히 사랑을 받으며 성장할 수 있다. 주는 기쁨을 먼저 생각하고, 받는 기쁨은 덤으로 생각하라.

셋째, 성과가 우선이다. 과정보다 성과가 우선이다. 방법론보다 이루고자 하는 변화나 성과가 우선이다. 유/무형의 성과로 얻을 기쁨을 먼저 생각하고, 그 에너지로 모든 과정을 즐기면서 어려움을 극복하라.

사실을 있는 그대로 바라보라

도끼를 잃어버린 농부가 이웃집 청년을 의심했다. 그 청년은 도둑처럼 걸었고 도둑처럼 말했으며 도둑처럼 행동했다. 하지만 농부는 밭을 걷다가 그곳에서 자신의 잃어버린 도끼를 발견했다. 그 다음부터는 이웃집 청년이 다른 청년들과 똑같이 걷고 똑같이 말하고 똑같이 행동하는 것처럼 보였다.

어떤 상황에서든 객관적 사실을 파악하기란 쉽지 않다. 겉으로 드러난 것이 전부가 아니며, 그 순간이 전부가 아니기 때문이다. 그런데도 사람들은 주관적인 생각에 의지해 성급한 결론을 내린다. 그래서 부정적인 감정에 휩싸이거나 잘못된 행동을 하기도 한다.

어떤 상황에 올바르게 대응하기 위해서는 객관적인 사실을 파악하는 것이 중요하다. 그래서 현실을 검증할 필요가 있다. 임상심리학자인 스티븐 스타인 박사는 "현실 검증 능력이 뛰어난 사람은 주변 세계를 객관적으로 그리고 선명하게 바라볼 수 있다. 문제가 생기면 신속하게 해결하고, 기회가 생기면 그 순간에 알아챌 수 있다"라고 말한다.

현실을 검증하기 위해서는 사실 근거를 확보하고 상황을 해석한 것을 검토해야 한다. 해석은 개인의 의견 또는 가정이다. 해석은 임의적일 수 있고, 편파적일 수 있다. 그렇다고 해석 자체가 문제이거나 사라져야 할 대상은 아니다. 사람들은 해석을 바탕으로 의사 결정을 하고 행동하기 때문이다. '사실'과 '해석'을 구별하고, 유용한 해석을 선택하는 것이 중요하다.

운명은 사건이 아니라 사건 해석에 달렸다

만일 직장 동료가 아는 체를 하지 않고 지나쳤다면, 그 동료의 행동을 다양하게 해석할 수 있을 것이다. 동료가 무례하다고 해석할 수도 있고, 동료가 상사의 꾸지람으로 화가 난 상태라고 해석할 수도 있다. 아니면 급한 볼 일이 있어서 서두르느라 자신을 못 보았다고 해석할 수도 있을 것이다.

이처럼 어떤 상황에 대한 해석은 다양할 수 있다. 그러므로 해석에 바탕을 둔 개인의 주관적인 생각이나 의견은 객관적인 사실과 다를 수 있다. 이것만 제대로 인식하고 있어도 쓸데없이 불편한 감정에 빠지는 일은 많이 줄여나갈 수 있다. 사람의 마음 상태는 '사실'만큼이나 '해석'에 영향을 많이 받기 때문이다.

정신과 의사인 데이비드 번즈(David Burns) 박사는 "기분에 변화를 초래한 것은 실제 사건이 아니라 당신의 지각"이라고 말하면서 사실을 왜곡하는 10가지 요소를 들었다.

첫째, 전부 아니면 없다는 이분법적 사고다. 사물을 흑백 범주

안에서 보고, 행위가 완벽하지 못하면 자신을 완전한 실패자로 보는 것이다. 둘째, 지나친 보편화다. 부정적인 한 가지 사건을 항구적인 실패로 보는 것이다. 셋째, 정신적 필터다. 부정적인 것만 바라보고 강조한 나머지 모든 현실을 어둡게 바라보는 것이다. 넷째, 적극성 박탈이다. 적극적인 경험들을 거부하고, 부정적인 신념을 지속하는 것이다. 다섯째, 성급한 결론이다. 뒷받침할 확정적인 사실이 없음에도 부정적인 해석을 내리는 것이다. 여섯째, 확대 또는 축소다. 일이나 업적의 중요성을 부적절하게 과장하거나 축소하는 것이다. 일곱째, 정서적 추리다. 부정적인 정서를 그대로 반영하여 가정하는 것이다. 여덟째, 당위 진술이다. '해야 한다'와 '해서는 안 된다'는 선을 그어 죄의식, 분노, 좌절, 원망을 느끼는 것이다. 아홉째, 명명과 그릇된 낙인이다. 지나친 보편화의 극단적인 형태다. 열째, 인격화다. 사실상 자신의 책임이 아닌 것을 뒤집어쓰는 경향이다.

이처럼 사실을 왜곡하는 요소는 다양하다. 그래서 주관적인 해석을 내릴 때는 주의할 필요가 있다. 그러므로 어떤 상황을 인식하는 출발점은 '해석'이 아니라 '사실'에 두는 것이 바람직하다. 사실을 있는 그대로 바라보고, 자신의 해석을 매 순간 의식하며, 다른 해석의 가능성을 생각해보아야 한다.

사실을 있는 그대로 바라보고 최적으로 대응하기 위해서는 첫째, 사실 여부를 먼저 확인해야 한다. '그것이 사실인가? 그것이 사실인지 어떻게 알 수 있는가?' 하는 질문을 스스로에게 던지면서 그것이 객관적 사실인지, 주관적 해석인지를 먼저 구별하라.

둘째, 자신의 반응을 살펴야 한다. 그것을 생각할 때 자신이 어떠한 반응을 보이는지를 살펴보라. 만약 객관적 사실이라면 책임에서 벗어나거나 거부감을 최소화하기 위해 다른 유용한 해석을 받아들이지 말고 사실을 있는 그대로 받아들여야 한다. 그런데 주관적 해석이라면 객관적인 사실과 다를 수 있다는 것을 인식하고 쓸데없이 부정적 감정에 휩싸이는 일이 없도록 해야 한다. 그리고 최대한 사실 근거를 확보하면서 다양한 해석을 검토해보고, 되도록 사랑과 행복으로 나아가는 해석을 선택하는 것이 좋다.

셋째, 합리적인 대응 방안을 선택해야 한다. 자신이 어떻게 할 수 있는지, 혹은 어떻게 해야 하는지 합리적인 대응 방안을 선택하라. 복잡하고 힘든 상황일수록 자신의 정체성을 재인식하고, 소중히 여기는 가치와 원칙을 준수하는 방향으로, 존재 목적에 합당한 선택을 하라.

객관적으로 바라보라

하나의 분명한 사실도 바라보는 관점에 따라 다르게 해석될 수 있다. 예를 들어, 폭력도 어떤 목적과 동기를 가지고 행사하느냐에 따라 폭력 행위가 될 수도 있고, 정당방위가 될 수도 있다. 일례로 제2차세계대전 당시 프랑스인 레지스탕스는 점령군인 독일인들 관점에서 보면 테러리스트에 불과하지만, 프랑스인 관점에서 보면 영웅이다. 이처럼 같은 상황, 사실도 처지와 관점에 따라서 그 해석은 크게 달라진다.

월급날이 사장에게는 빨리 돌아오고, 직원에게는 늦게 돌아온다. 은행금리가 대출자에게는 높고, 예금자에게는 낮다. 사실은 똑같은데 처지가 달라서 그렇게 느껴지는 것이다. 그래서 어떤 상황이든 객관적으로 바라보려는 노력이 중요하다. 상황을 객관화하면 느낌이 달라진다. 상대를 이해할 수 있고, 상대의 입장을 수용하고 존중할 수 있게 된다.

네덜란드의 판화가 마우리츠 에스헤르(Maurits Escher)의 작품은 착시현상을 일으키는 것으로 유명하다. 그의 모든 작품은 그림을 유심히 들여다보게 만드는 힘이 있다. 동전의 양면성을 설명해주는 듯하고, 삶을 진지하게 고찰하게 한다.

하나의 출입문을 실내에서는 출구라 부르고, 실외에서는 입구라 부른다. 이렇게 모든 대상, 상황에는 동전의 양면과 같은 특성

〈마우리츠 에스헤르, 하늘과 물 1〉

이 있음을 인식하고 인정해야 한다. 객관적으로 바라보는 것은 그러한 차이를 인정하는 데서 출발하는 것이다.

　『성경』은 "미련한 자는 명철을 기뻐하지 아니하고 자기의 의사를 드러내기만 기뻐하느니라"(잠언 18:2)라고 전한다. 사람은 누구나 자기중심적이며, 자기 입장이 있다. 그렇다고 자기 의견만 주장하는 것은 어리석고 교만한 행위다. 겸손하고 지혜로운 사람은 자기 입장에만 매몰되지 않는다. 자기 처지와 더불어 다른 사람의 처지를 배려하는 객관적인 관점에서 상황을 바라본다.

성공은 객관적으로 바라보는 능력에 달렸다

미국 제록스 사의 팔로알토 연구소에서는 세계 최초의 그래픽 방식 (GUI) PC를 개발했다. 마우스를 움직여 프로그램을 실행하는 컴퓨터였다. 이는 천공 카드나 키보드를 입력 장치로 사용하던 시기에는 상상하기 힘든 혁신적 제품이었다.

하지만 제록스 본사는 이 시제품에 별 의미를 두지 않았다. 제록스는 개인용 컴퓨터보다 기업용 중·대형 컴퓨터에 주력하는 회사였기 때문이다. 시제품은 실패한 모델로 치부됐다. 연구원들은 이를 한구석에 방치한 채 기업용 워크스테이션 개발에 몰두해야 했다.

그러나 이 연구소를 방문한 애플의 창업자 스티브 잡스는 달랐다. 그는 이 기술이 PC 산업을 혁명적으로 바꾸리라는 것을 직감했다. 조직 내부가 아니라 고객의 관점에서 객관적으로 바라보았다. 잡스는 몇 년 뒤 매킨토시라는 혁신적인 PC를 개발, 전 세계에 컴퓨터 붐을 일으켰다. 이 기술은 다시 마이크로소프트의 빌 게이츠에 의해 '윈도우'라는 컴퓨터 운영체제로 재탄생, 대박을 터뜨렸다.

개인이나 조직의 일을 객관적으로 바라보는 것은 매우 중요하다. 자신의 전문성을 조직의 핵심 업무와 연계시키지 못하거나, 외부 고객의 필요와 연계시키지 못한 채 역할 속에만 매몰되면, 성공할 가능성이 줄어들 수밖에 없다.

자동차 왕 헨리 포드는 "성공의 유일한 비결은 다른 사람의 생각을 이해하고, 자신의 입장과 상대방의 입장에서 동시에 사물을 바라볼 줄 아는 능력"이라고 했다. 객관적으로 바라보는 능력은 대인관계를 개선하는 것에서는 물론이고 일의 성과를 내는 데서도 매우 중요한 역할을 한다.

심리학에서 지각 위치(Perceptual Position)라고 표현하는 개념이 있는데, 지각 위치를 변경함으로써 어떤 특정 상황을 바라보는 다른 사람의 관점을 경험해볼 수 있다. 사람의 주관적인 관점을 완전히 배제할 수는 없지만 이러한 지각 위치 변경 훈련을 통해서 좀 더 객관적인 관점을 기를 수 있다.

첫째, 제1 지각 위치는 자신의 관점이다. 자연스럽게 자기 입장에서 상황을 해석하는 것이다. 자신의 생각과 감정을 있는 그대로 느껴보는 것이다.

둘째, 제2 지각 위치는 타인의 관점이다. 상대방과 입장을 바꿔서 생각해보는 역지사지다. 자기 입장에서 빠져나와 상대의 의식 속으로 들어가서 그 사람의 생각과 감정을 느껴보는 것이다. 실제로 몸을 움직여서 자기 자리를 잠시 벗어나 상대의 자리에 앉거나 일을 해보면 상대방의 입장을 몸으로도 체험할 수 있다.

셋째, 제3 지각 위치는 객관적 관찰자의 관점이다. 이해관계가 전혀 없는 제3자의 입장에서 상황을 바라보고 해석해보는 것이다. 기독교인이라면 '예수님이라면 이 상황에서 어떻게 하셨을까?'

하고 생각해보는 것이 이러한 방법에 해당한다. 실제로 여행, 등산을 하거나 주변의 높은 건물에 올라가서 자신이 처한 상황을 제3자의 관점에서 바라보는 방법은 상황을 객관적으로 이해하는 데 많은 도움이 된다. 자신의 실체와 현 위치, 입장 등을 객관적으로 바라봄으로써 좀 더 바람직한 해결 방안을 찾아낼 수 있다.

장기적으로 바라보라

피카소는 25세 때 이미 천재 화가로 세상의 주목을 받았다. 그가 40살 되던 해, 한 귀부인이 찾아와 막대한 돈을 내놓으며 초상화를 부탁했다. 피카소가 단 5분 만에 그림을 완성하자, 귀부인이 이렇게 물었다.

"그림을 그리는 시간에 비해서 그림 값이 너무 비싸지 않나요?"

그러자 피카소가 대답했다.

"내가 당신을 그리기까지 40년이나 걸렸소!"

귀부인의 '초상화'를 그리는 데 걸린 시간은 단 5분에 불과하지만, '피카소 그림'을 그리는 데는 40년이 걸렸다. 꿈은 하루아침에 이루어지지 않는다. 꿈은 곧 땀을 의미한다. 이루어진 꿈 뒤에는 정직하게 흘린 땀이 있다. 세상에 그냥 이루어지는 일은 아무것도 없는 법이다. 성공하는 리더는 자신이 가야 할 길에서 치러야 할 대가가 무엇인지를 알고, 그것을 기꺼이 지불한다.

고대 그리스 철학자 에픽테투스는 그러한 진리를 이렇게 표현했다. "무화과 열매가 하루아침에 열리지 않듯이, 위대한 것은 한 순간에 창조되지 않는다. 무화과 열매를 원한다면 먼저 꽃이 피기를 기다려라. 그리고 열매를 맺고 충분히 익을 때까지 기다려야 한다."

가치 있는 변화와 성장을 이루기 위해서는 충분한 시간과 에너지가 필요하다. 그러나 대부분의 사람들은 가치 있는 것을 성취하는 데 드는 시간을 과소평가하는 경향이 있다. 그래서 조급증에 빠진다. 이에 대해 레오나르도 다빈치는 "하루아침에 부자가 되기를 바라는 사람은 일신이 위태로워질 가능성이 높다"라고 경고했고, 『성경』은 "부지런한 자의 경영은 풍부함에 이를 것이나 조급한 자는 궁핍함에 이를 따름이니라"(잠언 21:5)라고 권면한다. 목표를 이루기 위해 조급해하지 말고 멀리 내다보며 올바른 방향으로 오랫동안 지속하는 것이 중요하다.

주의해야 할 것은 조급증이다

우리나라의 대체의학 권위자인 황성주 박사가 병원을 처음 시작했을 때의 일이다. 의대 교수를 하던 중 돈 한 푼 없이 병원을 시작하면서 일을 너무 크게 벌였다. 연고라고는 전혀 없는 서초동에 넓은 장소를 임대해 최신 설비를 갖추고 의사 네 명을 고용한 것이다. 의사 1인당 하루 30~40명 정도를 진료해야 수지를 맞출 수 있었다. 하지만 첫날 세 명, 둘째 날 일곱 명……. 석 달이 지나도록 찾아오는 환자가 서른 명이 넘지 않았다. 그 후 2년 동안 그는 처절한 대가를 치러야 했다. 재정적 고통과 의료진들과의 갈등은 말할 수 없이 컸다. 무작정 크게 시작한 대가를 톡톡히 치렀다. 그는 '꿈도 크게, 시작도 크게'라는 잘못된 구호에 사로잡혀 있었다고 고백했다.

꿈을 품은 사람에게 가장 큰 유혹은 조급증이다. 조급증은 그 자체가 형벌이다. 조급증 때문에 눈앞의 이익에 연연한다. 그래서 고객을 사람이 아닌 돈으로 보기도 한다. 지름길로 가고 싶은 충동에 빠져 편법을 저지르기도 한다. 사실 지름길로 가려는 생각을 한다는 것 자체가 미성숙했음을 나타내는 표시다. 비전을 이루어가는 장거리 경주에서 지름길로 가는 것은 결코 좋은 결과를 가져다주지 않는다.

"세상에 공짜는 없다"는 말은 진리다. 비전을 향한 여정에서는 멀리 내다보고 시작은 미약하지만 끝은 창대하게 해야 한다. 물론 꿈은 크게 가져야 한다. 그러나 무엇이든 처음 시작할 때는 많은 에너지가 필요하기 때문에 작게 시작하는 것이 바람직하다. 그래야 알차게 시작할 수 있다. 그러면서 내실을 갖추어가면 양적인 성장은 필수적으로 따라온다.

버크셔해서웨이 회장인 버핏은 "내가 타인과 다른 점이 있다면 한 가지를 10년 단위로 한다는 것이다. 주식도 한번 매수하면 최소한 10년은 가지고 있다"라고 말하며 멀리 보고 긴 호흡으로 임하는 태도를 강조했다. 진짜 실력자는 무리수를 두지 않는다. 일

확천금을 꿈꾸지도 않는다. 치러야 하는 대가를 성실하게 치르므로 기본이 튼튼해져 기복이 심하지 않다. 날이 오래고 달이 깊어질수록 원숙해진다.

그러면 어떻게 해야 장기적으로 바라보고 조급증을 극복할 수 있을까?

첫째, 언제나 사랑에서 출발해야 한다. 누구나 사랑을 원할 뿐 집착은 바라지 않는다. 자신이 기대하는 것보다 상대방이 기대하는 것에 관심을 기울이고, 상대방에게 기쁨을 선사하겠다는 마음가짐을 가져야 한다. 사랑은 자연스러운 것이고, 여유로운 것이며, 이루어지는 과정을 즐기는 것이다. 반면에 조급함은 욕심에서 출발하는 것이고, 애쓰는 것이며, 자유롭지 못하고, 결과에 집착하는 것이다. 따라서 목적과 의도가 바른 사람은 뜻한 대로 이루어지지 않아도 조급해하지 않는다. 사랑에 바탕을 둔 건강한 의도로 일을 시작하기에 결과에 연연하지 않는다.

둘째, 모든 과정에 충실해야 한다. 목표는 항상 계획한 대로 이루어지지만은 않는다. 그렇지만 목표를 향한 지금 이 순간은, 하고 있는 일 그 자체에 충실하고 집중해야 한다. 지금까지 이루어온 성과들을 균형 있게 바라보면서 모든 과정을 즐겨야 한다. 가치 있는 것을 성취하는 데 드는 시간을 과소평가하지 말고, 뜻한 대로 이루어지지 않아도 감정적으로 대응하지 마라. 오직 자신이 하는 일에만 충실하고 기뻐하면서 여유를 가져라. 『성경』은 "충성

된 자는 복이 많아도 속히 부(富)하고자 하는 자는 형벌을 면하지 못하리라"(잠언 28:20)라고 전한다.

셋째, 모든 결과에 감사해야 한다. 지금까지 살아온 삶과 그동안 이루어온 성과를 뒤돌아보고 모든 결과에 감사하라. 지금 하고 있는 일에서 아직 눈에 보이는 성과를 얻지 못했더라도 눈에 보이지 않는 메타성과에 주목하면서 감사해야 한다. 나폴레옹은 "승리는 가장 잘 인내하는 사람의 것이다"라고 했다. 그 인내는 바로 믿음과 감사에서 나오는 힘이다.

See The Unseen

창의적으로
관찰하라

진정한 창조자는 가장 평범하고 비루한 것들에서도 주목할 만한 가치를 찾아낸다. —다데우스 골라스

눈으로 보고 경험한 것이 최고의 값진 자산이다

어떤 상황과 사건을 깊이 들여다보는 능력인 관찰력은 전략을 수립하는 과정에서 매우 중요한 요소다. 문제에 자꾸 부딪히는 이유는 결국 안목이 없기 때문이다. 문제의 본질을 보지 못하니 문제

를 피해 가지 못한다. 탁월한 전략은 탁월한 안목에서 나온다.

현대건설이 서산만 간척 공사를 최종 마무리할 때의 일이다. 마지막 마무리 공사로 270미터에 달하는 물막이를 만들어야 하는데 그것이 여간 힘든 일이 아니었다. 공사장의 유속은 초속 8미터였고 자동차만 한 바윗덩어리도 무섭게 물살에 쓸려 나갔다. 그때 정주영 회장이 고철로 사용하기 위해 사 온 스웨덴 워터베이호를 물막이 공사에 투입해서 그 공사를 마무리했다. 이것이 그 유명한 정주영 공법이 되었다.

"그 아이디어를 어떻게 생각했느냐?"는 질문에, 정주영 회장은 "이 사람 농사 안 지어봤구먼그래. 논에 물꼬를 막으려면 말이야, 거기다가 지푸라기 덩어리 하나 던져놓으면 찌꺼기가 뭉쳐서 저절로 막히거든. 방조제 막는 거나 그거나 뭐가 달라" 하고 대답했다.

눈으로 보고 경험한 것은 값진 자산이 된다. 문제 해결 과정을 잘 보아두면 모두 다 값진 경험이 되고, 그 경험이 새로운 상황과 만나면 창의적인 아이디어가 된다. 눈으로 보고 경험하는 것이야말로 미래를 위한 투자다.

일에 대한 안목과 통찰력을 키워라

포정은 중국 전국시대 최고의 백정이었다. 어느 날 그가 궁정에서 소를 잡고 있었다. 손을 짚고 어깨를 기울이며 발로 짓누르고, 무릎을 구부려 칼을 움직이며 소를 잡는 동작이 환상에 가까웠다. 그 모습을 바라보던 왕은 감탄하여 포정에게 물었다.

"어떻게 하면 소 잡는 기술이 이와 같은 경지에 이를 수 있는가?"

포정은 칼을 놓고 왕에게 다음과 같이 말했다.

"제가 처음 소를 잡을 때는 소의 겉모습만 보였습니다. 3년이 지나니 어느새 소의 겉모습은 눈에 띄지 않고 소가 부위별로 보였습니다. 그리고 19년이 지난 요즘 저는 마음으로 소를 보지, 눈으로 보지 않습니다. 저는 마음의 눈으로 이치에 따라 살과 뼈, 근육 사이의 틈새 속으로 칼을 집어넣어 사용합니다. 그 묘한 기술 덕분에 아직 한 번도 칼질을 실수하여 살이나 뼈를 다친 적이 없습니다. 솜씨 좋은 백정이 1년 만에 칼을 바꾸는 것은 칼로 소의 살을 베기 때문입니다. 평범한 백정은 달마다 칼을 바꾸는데, 이는 칼로 무리하게 뼈를 가르기 때문입니다. 그렇지만 제 칼은 19년이나 되어 수천 마리의 소를 잡았지만 칼날은 방금 숫돌에 간 것과 같습니다. 소의 뼈와 살 사이에는 어쨌든 틈새가 있기 마련이고 칼날은 얇습니다. 얇은 칼날을 소의 뼈와 살 틈새에 넣으니 칼날을 움직이는 데도 여유가 있습니다. 그러니까 19년이 되었어도 칼날이 방금 숫돌에 간 것과 같습니다. 하지만 근육과 뼈가 엉긴 곳에 이를 때마다 저는 그 일의 어려움을 알고 두려워하여 경계하며 천천히 손을 움직여서 칼의 움직임을 아주 미묘하게 합니다. 살이 뼈에서 털썩하고 떨어지는 소리는 마치 흙덩이가 땅에 떨어질 때 나는 소리 같습니다. 칼을 든 채 일어나서 둘레를 살펴보며 머뭇거리다가 흐뭇해져 칼을 씻어 챙겨 넣습니다."

문혜군은 포정의 말을 듣고 도(道)를 터득했다며 감탄했다.

하수와 고수의 차이는 보는 눈의 차이다. 한 가지 일에 정통한 고수는 겉과 속을 한눈에 바라본다. 겉만 보고도 속을 훤히 들여다볼 수 있는 것이다. 그 안목은 오직 경험을 통해서만 키울 수 있다. 일을 하는 모든 과정에서 배우고 익혀야 한다. 배우고자 하는 마음만 잃지 않으면 안목은 자라나고 세월이 갈수록 더욱 가치 있는 사람이 된다.

눈으로 보고 경험하는 과정에서 가장 중요한 것은 배우려는 자세다. 배움의 자세를 견지하기 위해서는 첫째, 겸손해야 한다. '내가 틀릴 수도 있다'는 열린 생각을 가져야 한다. 자신의 지식과 경험을 뛰어넘는 부분에 호기심을 가지고, 다른 분야의 상식을 쌓기 위해 노력하라.

둘째, 협력해야 한다. 다른 사람들의 다양한 관점을 통해 새로운 면을 발견할 필요가 있다. 자기방어적인 생각을 버리고, 다른 이들과 협력하며 시너지 효과를 내야 한다.

셋째, 도전해야 한다. 실패를 두려워하지 않고 오히려 교훈을 얻는 계기로 삼는 인식의 전환과 실험정신이 필요하다. 로드아일랜드 디자인스쿨 총장인 존 마에다(John Maeda)는 "창조 과정에서 중요한 것은 손이 더러워지는 것을 무서워하지 않는 것"이라 했다. 실패를 두려워하지 말고, 문제를 해결해가는 모든 과정에서 배워야 한다. 본질적인 인과관계를 통찰하기 위한 지식을 쌓고, 핵심을 꿰뚫어 볼 수 있는 통찰력을 키워라.

가치를 인식하고 분별하는 눈을 키워라

  기러기만 쳐다보면 죽기 살기로 짖어대는 떠돌이 개가 동네 주민에게는 귀찮은 존재였지만, 비행장에 보내져 기러기 쫓는 일에 크게 기여해 300만 달러나 드는 일을 대신했다고 한다.

  세상에 무가치한 것은 없다. 다만 사람이 그 가치를 모를 뿐이다. 흔하고 보잘것없어 보이는 것들이 사실은 매우 귀한 것일 수도 있다. 중요한 것은 그 가치를 알아보는 눈이며, 그 가치를 극대화하는 용도를 알아내는 것이다.

  어떤 농부가 자신의 밭에서 심한 악취가 나는 웅덩이를 보고 늘 투덜거렸다. 소나 말에게도 먹일 수 없을 정도로 악취가 심했기에 농부의 불평은 갈수록 늘어났다. 결국 농부는 그 웅덩이가 딸린 농토를 남에게 사정하다시피 하여 팔아버렸다. 농부는 파티를 벌이며 기뻐했다. 그러나 그 처분은 농부에게 일생 최대의 실수가 되었다. 그 웅덩이에서 거대한 유전이 발견된 것이다.

  지금 당신 주변에서 '악취 나는 웅덩이' 취급을 받고 있는 것은 무엇인가? 그것의 참된 가치를 인식하고 분별해내야 한다. 그러한 인식과 분별은 세상과 사물을 새롭게 바라볼 때 가능해진다. 이러한 관점의 변화 자체가 창의적 관찰력을 향상시키는 비결이며, 기적을 만들어내는 도화선이다.

생명의 가치와 정신적 가치에 집중하라

신경정신과 교수인 빅터 프랭클(Victor Frankl)에 따르면 인생에는
세 가지 중심적 가치가 있다고 한다.

창조적이고 생산적인 활동을 하면서 인식하는 '창조적 가치',
자연이나 예술 세계에 몰입함으로써 느끼는 '경험적 가치', 가장
음울하고 절망적인 상황에서 의미를 발견하는 '태도적 가치'가 그
것이다.

이러한 정신적 가치는 물질적 가치보다 소중한 것이다. 삶과 경
영의 비극은 가치관의 혼돈에서 비롯된다. 물질적 가치에 사로잡
혀 정신적 가치를 잊고 있거나, 정신적 가치가 물질적 가치에 굴
복할 때 가치관의 혼란이 일어난다. 눈앞의 이익을 좇다 보면 사
람을 잃고 신뢰를 잃어버리는 것도 그 때문이다.

거대한 여객선 타이타닉호가 대서양의 빙산에 부딪혀 침몰했을 때,
한 여인은 뭔가 가져올 게 있다며 3분 안에 돌아올 것을 허락받고 특
실로 향했다. 복도를 통과할 때 그녀는 승객들이 급하게 배를 떠나
면서 버린 돈과 보석을 발로 밟게 되었다. 그곳을 지나 자신이 머물

럿던 특실에 들어갔을 때도 그녀는 자신의 보석에는 관심조차 기울이지 않았다. 그 대신 그녀는 방 안에 있던 오렌지 세 개를 거머쥐었다. 그리고는 황급히 구명보트로 되돌아왔다. 긴급한 상황이 배 위에 있던 모든 물건의 가치를 순식간에 뒤바꾸어놓은 것이다.

이처럼 물질의 가치는 상황에 따라 언제든 변할 수 있다. 어떤 물질의 가치도 안전하게 묶어둘 수는 없다. 모든 물질의 가치는 계속해서 변하고, 때로는 갑작스럽게 변한다. 세상의 그 어떤 것도 영구적인 가치를 지니고 있지 않다.

동화 작가 조지 아담스(George Adams)는 "인생에서 가장 위대한 기술 중 하나는 정확한 가치를 감정하는 기술"이라고 했다. 가치의 수명이나 영향력으로 평가해볼 때, 생명만큼 소중한 것은 없다.

『성경』을 보면 이삭의 아내 리브가가 쌍둥이를 임신했을 때, 하나님께서는 그에게 "두 민족이 너의 태 안에 들어 있다. 너의 태 안에서 두 백성이 나뉠 것이다"(창세기 25:23)라고 했다. 배 속의 태아를 바라보는 시각이 놀랍지 않은가? 이처럼 아무리 작고 약한 것이라도 생명의 가치는 절대로 무시할 수 없다. 나중에 어떻게 성장하고 얼마나 번식하고 부흥할지 아무도 모르기 때문이다. 그러므로 생명의 가치와 정신적 가치에 집중하는 것이 바람직하다.

가치를 제대로 인식하고 분별하는 눈을 키우기 위해서는 다음과 같은 가치의 특성을 알아야 한다.

첫째, 가치의 효용성이다. 세상에 쓸모없는 것은 없다. 아무리 작고 사소한 것이라도 세상에 존재하는 모든 것은 가치가 있다. 썩어가는 나무토막조차도 다른 식물에게는 유익하다.

둘째, 가치의 변동성이다. 어떤 대상의 가치는 그 가치를 평가하는 주체와 상황에 따라서 언제든 변할 수 있다. 똑같은 대상이라도 상황과 관점에 따라서 아주 소중한 것이 되기도 하고 아무 쓸모도 없는 것이 되기도 한다.

셋째, 가치의 양면성이다. 하나의 가치는 서로 상반되는 측면, 즉 긍정적인 측면과 부정적인 측면을 함께 가지고 있다. 칼이 쓰기에 따라 흉기(凶器)도 되고 이기(利器)도 되듯이, 무엇이든 잘 사용하면 약이 되지만, 잘못 사용하면 독이 된다. 가치의 효과는 그 가치를 이용하는 주체가 어떻게 활용하느냐에 달려 있는 것이다.

감각적 민감성과 직관을 활용하라

삶과 경영에서 대인관계는 참으로 중요하다. 미국 보스턴 대학이 7세 어린이 450명의 일생을 40년에 걸쳐 추적한 결과 성공과 출세에 가장 큰 영향을 미친 요인은 다른 사람과 어울리는 능력이었다. 또 다른 조사 결과에 따르면 지적 능력이나 재능이 성공에 미치는 영향은 15퍼센트인 반면, 나머지 85퍼센트의 성공 요인은 대인 관계였다.

대인관계는 곧 소통이다. 원활하고도 효과적인 소통을 위해서는 마음으로 소통하는 자세가 필요하다. 마음으로 소통하는 데는 엄청난 집중력이 필요하다.

〈TV 동물농장〉에서는 삽살개 하늘이의 이야기를 방영한 적이 있다. 하늘이는 주인집 옥상에서 한 치도 움직이지 않으려 했다. 주인이 바깥바람을 쏘이려 하면 계단을 내려가지 않으려고 막무가내로 버텼다. 말이 통하지 않으니 그 이유를 알 수가 없었다.

그래서 하이디 라이트라는 애니멀 커뮤니케이터를 초청했다. 그는 하늘이와 비언어적인 소통을 시도했다. 한참 동안 조용히 하늘이를 바라보던 그는 급기야 눈물을 흘렸다. 하늘이의 눈빛만 보고도 하늘이의 아픔과 상처를 읽어낸 듯했다.

그의 진단은 놀라웠다. 하늘이는 사람들이 어디론가 자신을 끌고 가는 것을 두려워한다고 했다. 알고 보니 하늘이는 삽살개 혈통 보존 검사를 위해서 홍채를 자주 촬영당한 이력이 있었고, 그 때문에 강제로 끌려 다니곤 했었다는 것이다.

그는 하늘이가 사람을 두려워한다며 모든 사람들을 밖으로 내보냈다. 하늘이에게 사람과 친해지는 습관을 들일 필요가 있다고 판단한 그는 하늘이 곁에 앉아 책을 보면서 자연스럽게 친해지더니 마침내 하늘이를 데리고 천천히 계단을 내려왔다. 처음 주인이 내려가자고 할 때와는 아주 대조적인 모습이었다.

사람이든 동물이든 마음으로 소통하지 않으면 상대를 움직일 수 없다. 강제로 움직이게 하는 데는 분명 한계가 있다. 마음으로 소통해야 상대의 마음을 얻을 수 있고, 상대를 움직이게 할 수 있다. 마음으로 소통하려면 감각적 민감성을 발휘하고 직관을 활용해야 한다.

소통에는 비언어적 요소가 훨씬 중요하다

미국의 심리학자 앨버트 메러비언(Albert Mehrabian)은 "대인 커뮤니케이션에는 말, 목소리, 태도라는 세 가지 요소가 있는데, 말보다는 목소리와 태도가 훨씬 중요하다"라고 말한다. 말은 7퍼센트,

말투나 목소리는 38퍼센트, 표정과 태도는 55퍼센트의 비중을 차지한다는 것이다. 소통에서 언어보다는 비언어적인 요소가 훨씬 중요한 것이다.

일본에 슈사쿠라는 바둑의 일인자가 18세 소년 시절, 당시 바둑계의 거장이던 이노우에 인세키라는 선배와 바둑을 두었는데, 그들의 바둑을 구경하던 사람 중에는 바둑 초보자인 의사가 있었다. 그는 도중에 슈사쿠가 이길 것이라고 예측했는데, 그의 말은 적중했다. 이상하게 여긴 사람들이 그 의사에게 어떻게 승부를 미리 알았는지를 묻자 그가 말했다.

"슈사쿠가 127번째 수를 힘차게 두었다. 그러자 그것을 본 상대는 그 수를 한참 동안 음미했는데, 관찰해보니 양쪽 귀가 점점 붉어졌다. 심리적으로 동요하고 있다는 증거였다. 심리적으로 동요할 정도의 수라면 치명적인 수일지도 모른다고 생각한 것이다."

이 때문에 슈사쿠의 127번째 수는 귀가 빨개진 수, 이적지수(耳赤之手)라는 이름이 붙은 유명한 수가 되었다.

사람들의 무의식적인 몸짓에는 그 사람의 심리 상태를 나타내는 신호가 있는데 그것을 잘 알아두면 상대의 마음을 읽는 데 도움이 된다. 예를 들면 다음과 같다.

- 말을 하면서 손으로 입을 가리는 것은 상대를 경계하면서 본심을 감추려는 것이다.
- 손으로 눈이나 코, 얼굴의 일부분을 만지는 것은 자기의 허약함을 감추려는 것이다.
- 말을 할 때 자꾸 헛기침을 하는 것은 불안하거나 근심이 있다는 뜻이다.
- 팔이나 옷자락을 걷어 올리는 것은 집중하려는 마음의 표시다.
- 이야기를 하면서 손이나 어깨, 무릎 따위에 몸을 접촉하는 것은 호의적이라는 증거다.
- 주변의 물건을 만지작거리는 것은 긴장하고 있다는 뜻이다.

소통을 할 때는 비언어적 요소들을 민감하게 관찰하고 직관을 활용하는 것이 중요하다. 감각적 민감성과 직관을 활용하면 단순히 상대방이 전달하려는 내용뿐만 아니라 상대의 생각과 감정 상태, 욕구, 의도와 동기, 더 나아가 잠재력까지도 읽어낼 수 있다. 그만큼 지혜롭게 소통할 수 있다.

감각적 민감성은 모든 사람이 이미 가지고 있는 능력이다. 다만 그것을 무시하지 말고 잘 활용해야 한다. 외국인과 대화를 나눌 때는 감각적 민감성이 살아나는 것을 느낄 수 있는데 그것은 상대에게 집중하기 때문이다. 즉 감각적 민감성은 상대에게 얼마나 집중하느냐에 따라 달라진다.

감각적 민감성과 직관을 더욱 정교하게 활용하기 위해서는 첫째, 상대방이 하는 말에 집중해야 한다. 머릿속에 떠오르는 다른 생각을 버리고 상대방의 말에 집중하라. 상대방이 말하는 핵심을 파악하고, 의미와 의도를 파악하라.

둘째, 상대방의 말투와 목소리에 집중해야 한다. 목소리의 크기나 높낮이, 속도, 음질 등의 변화를 파악하면서 상대방의 감정과 에너지를 느낄 수 있어야 한다.

셋째, 상대방의 표정과 몸짓에 집중해야 한다. 상대방의 얼굴 표정과 입술의 모습, 눈동자의 움직임, 손동작이나 몸짓에 집중하면서 세밀하게 관찰하라. 그러면 상대의 마음을 읽어낼 수 있고, 상대에게 이해받고 존중받는다는 느낌을 줄 수 있다.

사실을 파악하는 능력을 키워라

어느 날 저녁 일을 마치고 회식 자리에서 여직원이 과음을 하자 팀장이 여직원을 집까지 태워다주었다. 팀장은 무슨 일이 있었던 것은 아니지만 그 일은 아내에게 이야기하지 않는 것이 좋겠다고 생각했다. 바로 그날 밤, 아내와 함께 영화를 보기 위해 영화관으로 가면서 보니 아내가 앉아 있는 조수석 밑에 하이힐 한 짝이 있었다. 그는 아내가 한눈을 파는 사이에 재빨리 하이힐을 집어 창문 밖으로 던져버렸다. 잠시 후 영화관에 도착해 차에서 내리려던 아내가 말했다.

"여보! 내 하이힐 한 짝 못 봤어요?"

어떤 상황에 과민하게 반응하거나 무디게 반응하는 것은 주관적인 견해나 감정에 휘둘리기 때문이다. 그래서 사실을 있는 그대로 파악하지 못하고 작은 일에 염려하거나 호들갑을 떨기도 하고, 위험천만한 상황인데도 사태를 방관하거나 무시하기도 한다. 그래서 일을 그르치게 된다.

아래 그림 (가)와 같이 크기가 같은 두 중심원이 있을 때, 주변에 크기가 다른 원들이 있으면 중심원의 크기는 서로 다르게 보인다. 그림 (나)의 원은 정상적인 원인데 찌그러져 보인다. 그림 (다)의 막대기 크기는 모두 동일하지만 뒤쪽의 막대기가 더 크게 보인다. 주변에 있는 것들의 영향을 받아서 사실과 다르게 보이는 것이다.

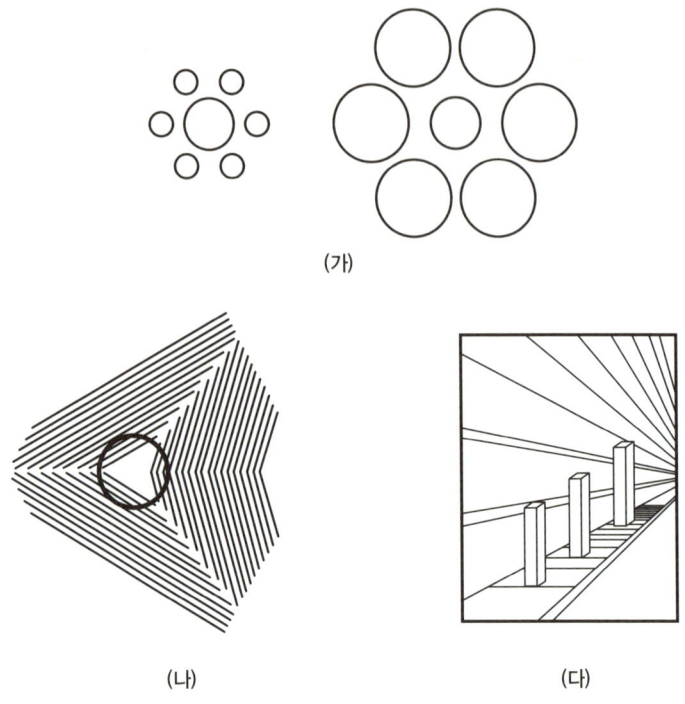

(가)

(나)　　　　　　(다)

　이처럼 주변의 영향을 받아 착시현상이 일어나면 사실과 다르게 보인다. 단순한 시각적 관찰에서도 이러할진대 역동적인 삶과 경영 현장에서 사실을 있는 그대로 파악하는 것이 쉬운 일은 아니다. 사람의 내면에는 현실을 왜곡하는 요소가 있고, 외부 환경의 변수도 매우 복잡하기 때문이다.

　그렇지만 자기 분야에서 성공하기 위한 전략을 수립하려면 반드시 사실을 파악하는 능력을 갖춰야 한다. 보기 싫은 현실이나 불편한 진실이라도 직시해야 한다. 객관적인 사실을 외면한 채 지나친 낙관이나 비관을 하는 태도는 고쳐야 한다. 막연한 추측으로 분명한 사실을 왜곡해서도 안 된다. 특히, 어떤 흐름과 미래를 추리하고 예측할 때는 반드시 사실에서 출발해야 한다. 사실을 있는 그대로 관찰할 수 있으면 절반은 성공이다.

본질에 집중하고 인과관계를 파악하라

알렉산더 대왕이 왕자였을 때, 조련이 안 된 거친 명마에 올라타려다가 실패한 부왕이 기분이 상해 소리쳤다.

"이런 말은 소용없다! 빨리 끌고 나가라!"

그러자 옆에 있던 알렉산더가 그 말 주위를 돌면서 중얼거렸다.

"저런 명마를 돌려보내다니 참 아깝군!"

부왕이 그 말을 듣고 알렉산더에게 물었다.

"그럼 이 말을 너에게 주랴?"

"고맙습니다."

"어른도 타지 못하는 이 말을 네가 탈 수 있겠느냐?"

"탈 수 있습니다."

"그럼 한번 타보거라. 그런데 만약 타지 못한다면 어떤 벌을 받겠느냐?"

"이 말 값만큼 벌금을 내겠습니다."

그렇게 약속한 뒤에 알렉산더는 말 가까이 다가갔다. 그는 말의 머리를 해가 떠 있는 쪽으로 돌려서 말이 자신의 그림자를 보지 못하게 했다. 그러고는 말에 훌쩍 올라탔다.

알렉산더는 말이 사람 그림자에 놀라서 흥분하는 것을 알고 있었던 것이다. 어떤 현상을 보고 정확한 원인을 알지 못하면 답답할 수밖에 없다. 인과관계를 모르면 많은 시간과 에너지, 돈을 낭비하게 된다. 인과관계를 꿰뚫는 지식이야말로 강력한 경쟁력이며, 소중한 자산이라 할 수 있다.

매가 뇌조의 천적이라는 사실은 잘 알려져 있지만, 매가 뇌조의 유행병을 예방해준다는 사실은 간과하기 쉽다. 이처럼 자기 분야에서 그동안 드러나지 않은 인과관계를 꿰뚫어 볼 수 있는 지식을 쌓을 필요가 있다. 상식처럼 굳어진 하나의 인과관계 외에도 다른 가능성을 생각해볼 필요가 있다.

무슨 일이 일어나고 있는지, 그 원인이 무엇인지 끊임없이 관심을 기울이며 신중하게 관찰해야 한다. 원인을 찾는 데 성공하든 실패하든, 인과관계를 파악하는 지식을 쌓는 데는 모두가 좋은 밑거름이 된다. 지식은 오히려 시행착오를 통해 더 많이 얻을 수 있다. 그러면 새로운 현상이 일어난 원인을 밝혀내는 일은 훨씬 쉬워지고, 성공 가능성은 그만큼 높아진다.

사실을 정확하게 파악하기 위해서는 첫째, 주관적인 견해와 감정에 휘둘리지 말아야 한다. 다급해진 꿩이 수풀 속에 머리를 처박듯이 현실을 외면한 채 문제를 회피하려는 것도 바람직하지 않고, 최악의 상황을 상상하며 두려움에 빠지는 것도 바람직하지 않다. 사실을 있는 그대로 파악하기 위해서는 주관적인 견해와 감정에 휘둘려선 안 된다. 가장 확실한 지식은 사실 그 자체를 아는 것이다.

　둘째, 인과관계를 알아야 한다. 결과로 드러나는 현상은 누구나 쉽게 파악할 수 있지만, 그 현상이 일어난 정확한 원인을 알기란 쉽지 않다. 중요한 것은 인과관계다. 의사가 병의 증상을 일으킨 원인을 정확히 알아야 제대로 된 처방을 내릴 수 있듯이, 삶과 경영에서도 문제 현상을 일으킨 원인을 정확히 알아야 제대로 대응을 할 수 있다.

　셋째, 핵심과 본질에 집중해야 한다. 한계와 제약이 많은 현실에서 모든 사실을 다 알 수는 없다. 그렇기에 여러 사실 중에서도 어떤 사실을 아느냐가 중요하다. 본질을 알면 일부분만 보고도 많은 것을 알 수 있다. 하나를 보고 열을 알며, 부분을 보고도 전체를 파악할 수 있다. 단서를 보고 결과를 예측할 수 있으며, 작은 변화를 통해 큰 방향을 읽어낼 수 있다.

새로운 사실과 패턴을 발견하라

실화를 바탕으로 한 감동적인 영화 〈빠삐용〉에서 주인공은 탈출을 시도하다 붙잡혀 상어 떼가 득실거리는 '악마의 섬'으로 보내진다. 인간이 만든 감옥 중 가장 끔찍한 감옥이었지만 빠삐용은 또다시 탈옥을 계획한다. 빠삐용의 친구는 "새라면 모를까, 사람은 아무도 이 섬에서 탈출할 수 없어"라고 말했지만, 빠삐용은 반드시 길이 있으리라 믿고 방법을 찾는다. 그렇게 탈출을 꿈꾸던 빠삐용은 마침내 수용소 절벽으로 밀려오는 파도가 일곱 번 바위에 부딪친 다음 다시 해류가 되어 먼바다로 흘러나간다는 사실을 발견한다. 그리하여 빠삐용은 때를 맞추어 이 해류를 이용하면 먼바다로 헤엄쳐 나갈 수 있다는 확신을 갖게 된다.

이와 같이 열악한 상황과 환경에서도 창의적으로 관찰을 하면 탈출구를 찾아낼 수 있다. 그 탈출구는 찾는 자의 눈에만 보이는 것이다. 견(見)이 그저 보이는 것을 보는 것이라면, 관찰(觀察)은 보는 것에서 뭔가를 찾아내는 것이다. 얼핏 보는 게 아니라 꾸준하게 지켜보고 거기서 특정한 규칙성을 찾아내는 것이다.

관찰력에는 분명한 우열이 있다. 그 우열이 기존에 쌓은 지식에 따라 결정되는 것만도 아니다. 관찰력은 창의력의 한 형태이고, 창의력은 관찰력의 한 형태다. 창의적 관찰은 더 나은 해결책을 얻기 위한 목적을 지닌 관찰이다.

그것은 정보를 수집하기 위한 일반적인 관찰과는 다르다. 탐구를 불러일으키는 창의적 관찰은 색다른 방식의 발견 과정이다. 창의적 관찰은 매우 포괄적이며 훨씬 더 넓은 시각으로 볼 수 있게 해준다. 자아를 성찰하게 하고, 부가적인 해결책을 찾게 하며, 더 큰 창조성과 영감을 이끌어낸다. 이러한 창의적 관찰은 주어진 상황이나 문제에 호기심을 가지고 민감하게 접근할 때 할 수 있다.

예측하면 뜻을 이루고 그러지 못하면 실패한다

KBS가 처음 송신탑을 설치할 때 어느 곳에 설치할지가 고민이었다. 할 수 없이 일본의 전문가를 불렀는데, 그들은 기가 막힌 해법을 내놓았다. 그들이 선택한 곳은 조선 시대 봉화대가 있던 곳이다. 연기로 신호를 하는 봉화대는 눈으로 볼 수 있는 곳에 위치해 있었으므로 송신탑의 위치로는 그만이었던 것이다.

알면 쉽지만 모르면 어렵다. 미국의 생리학과 교수인 로버트 루트번스타인(Robert Root-Bernstein)은 패턴을 읽어내면 새로운 기회를 잡을 수 있다며 다음과 같이 말했다. "우리는 세계를 정밀하게 관찰할 수 있어야 한다. 그래야만 행동의 패턴들을 구분해내고, 패턴들에서 원리를 추출해내고, 사물들이 가진 특징에서 유사성을 이끌어내고, 행위 모형을 창출해낼 수 있으며, 효과적으로 혁신할 수 있다."

버팔로를 사냥하는 인디언 오마하족은 하늘을 보면서 도래까마귀 떼를 찾는다고 한다. 그 아래 버팔로가 있다는 것을 알기 때문이다. 창의적 관찰을 하면 이런 패턴을 찾아낼 수 있고, 패턴을 찾아내면 움직임을 예측할 수 있다. "어떤 일이든 예측하면 뜻을 이루고 그러지 못하면 실패한다"는 중국의 세일즈 왕 왕중추의 말처럼, 패턴을 찾아내 예측할 수 있다면 그에 대응하는 전략은 한결 손쉽게 세울 수 있다.

미국의 헤지펀드 매니저 존 폴슨(John Paulson)은 주택 시장이 대호황을 누릴 때, 주택과 서브프라임모기지 가격이 더 이상 지탱할 수 없는 수준에 도달했다는 것에 주목했다. 그래서 주택 가격이 떨어질 경우 돈을 벌 수 있는 방법을 모색하다가 CDS(신용부도스왑)라는 파생금융상품을 사들여 엄청난 수익을 올렸다. 사람들의 움직임을 예측한 덕분에 가능했던 일이다.

그러므로 새로운 사실과 패턴을 발견하고 기회를 잡기 위해서는 첫째, 잘못된 상식과 믿음을 버려야 한다. 백조는 무조건 희다고 믿던 사람들의 통념은 18세기 말 신대륙 호주에서 '검은 백조'가 발견되면서 완전히 깨졌다. 지금까지 알고 있던 상식과 믿음을 전반적으로 다시 검토해보라. 그리고 잘못된 상식과 믿음, 제한하는 신념들을 먼저 버려라.

둘째, 가능성을 믿어야 한다. 믿음은 보이지 않는 것을 믿는 것이며, 그 믿음의 보상은 우리가 믿는 것을 보는 것이다. 새로운 가능성과 기회가 있으리라는 믿음을 포기하지 마라.

셋째, 끊임없이 '왜'라고 질문하며 관찰해야 한다. 질문은 무언가를 찾아 나서게 한다. 질문은 삶의 모든 순간을 도약의 기회로 만들고, 모든 공간을 배움의 장소로 만드는 힘을 지녔다. '왜'라는 질문을 던지고 탐구하는 과정에서 중요한 원리들을 깨우치고 많은 것들을 쉽고 폭넓게 이해할 수 있는 길이 열린다.

KI신서 2684

안목

1판 1쇄 인쇄 2010년 9월 16일
1판 1쇄 발행 2010년 9월 29일

지은이 강일수 **펴낸이** 김영곤 **펴낸곳** (주)북이십일 21세기북스
출판콘텐츠사업부문장 정성진 **생활문화팀장** 김선미
기획편집 김미경 **영업마케팅본부장** 최창규 **영업·마케팅** 김용환 이경희 김보미 허정민
출판등록 2000년 5월 6일 제10-1965호
주소 (우413-756) 경기도 파주시 교하읍 문발리 파주출판단지 518-3
대표전화 031-955-2100 **팩스** 031-955-2151
이메일 book21@book21.co.kr **홈페이지** www.book21.com **커뮤니티** cafe.naver.com/21cbook

값 12,000원
ISBN 978-89-509-2637-3 03320